弁護士

中野 真 著

Makoto Nakano

公益通報者保護法
に基づく**事業者等の義務**
への実務対応

商事法務

はしがき

　2020年6月に成立した「公益通報者保護法の一部を改正する法律」（以下「**改正法**」）により、事業者には、公益通報対応業務従事者（以下「**従事者**」ともいいます。）を指定する義務（法[1]11条1項。以下「**従事者指定義務**」ともいいます。）、内部公益通報対応体制の整備その他必要な措置をとる義務（法11条2項。以下「**体制整備等義務**」ともいいます。）が課されます。

　また、法11条1項により事業者に指定された従事者又は従事者であった者（以下「**従事者等**」ともいいます。）には、公益通報者を特定させる情報（以下「**公益通報者特定情報**」ともいいます。）に関する守秘義務（法12条。以下「**従事者守秘義務**」ともいいます。）が課されます。

　これら3つの義務（以下3つの義務を総称して「**事業者等の義務**」といいます。）は、事業者内部の者からの公益通報（以下「**内部公益通報**」ともいいます。）を促し、法令遵守を実現する趣旨で設けられたものであり、これらの義務を適切に履行し、活用することにより、法令遵守を実現し、事業者の不祥事を早期に発見し、又は未然に防止することが期待できます。

　不祥事により事業者に多大な損害が生じた事例は枚挙に暇がなく、不祥事を早期に発見し、又は未然に防止することは、事業者の価値の毀損を防ぎ、価値を向上させる上では不可欠です。また、法令遵守は社会の利益にも直結するものであり（そもそも公益通報者保護法は社会の利益のために事業者の法令遵守を確保しようとする法律です）、事業者等の義務の履行は、企業価値の向上と社会の利益の両立にも繋がるものといえます。

　また、このような重要な義務であることから、事業者等の義務に違反した場合は消費者庁長官による行政措置の対象となるほか、事業者や役員等の民事上の責任、従業者等の刑事上の責任も生じます。

　そのため、事業者としては、事業者等の義務に違反しないように、義務の内容を適切に理解している必要があります。

1）以下、「法」は、改正法により改正後の公益通報者保護法のことを指します。

事業者等の義務の内容を理解するための資料として、消費者庁が公表した、従事者指定義務・体制整備等義務の大要を示す、「公益通報者保護法第11条第1項及び第2項の規定に基づき事業者がとるべき措置に関して、その適切かつ有効な実施を図るために必要な指針」（令和3年8月20日内閣府告示第118号。以下「**指針**」）がありますが、この記載は抽象的であり、その解説である、「公益通報者保護法に基づく指針（令和3年内閣府告示第118号）の解説」（令和3年10月。以下「**指針の解説**」）の内容も必ずしも明確とはいえません。指針案に対する意見募集（パブリックコメント）の結果において示された「消費者庁の考え方」も、質問に対して正面から答えていないものが多いです。このような抽象性は、行政機関が公表する文書という性質上やむを得ないところではありますが、義務を負担する事業者の皆様に義務の適切な履行をしていただき、事業者及び社会の利益を実現するためには、できる限りわかりやすい解説が必要です。

　筆者は、消費者庁において、企業不祥事を防止することで、社会をより良くしたいという思いから、改正法の成立に向けて尽力し、指針案の策定に携わりました。消費者庁を退職した現在においても、この思いは変わっておらず、改正法が適切に履行され、公益通報が活性化されることにより、社会経済の発展に資すると考えています。そのような思いもあり、事業者の皆様が改正法の趣旨に沿った対応をするための助力となるような書籍を作りたいと考え、本書を執筆させていただきました。

　本書では、主に事業者の視点から、事業者の義務に関連する事項を中心に解説しています。また、実際に改正法対応を行う事業者の担当者に読んでいただくことを想定し、わかりやすい表現を用い、具体例を多用するなど、できる限りイメージが湧きやすいように解説することを心掛けました。

＜本書の構成＞

　本書では、まず、第1編において、公益通報者保護法の内容を説明しています。事業者等の義務を定めた法規範である法11条及び法12条の内容を説明した後、「公益通報」となる通報の範囲（法2条）、不利益な取扱いからの保護規定（法3条以下）、その他の公益通報者保護法の規定について解説しています。

　従事者指定義務・体制整備等義務の大要については、指針において定められていることから、従事者指定義務・体制整備等義務の内容を理解するためには、指針の理解が不可欠です。そこで、第2編では、指針の各項目の趣旨、文言の意味、具体的な取組事例について、逐条ベースで解説しています。

　このほか、資料として、改正後の公益通報者保護法の条文、指針本文、指針の解説を掲載しています。

　なお、本書において見解にわたる部分は、あくまでこれまでの職務において得た知識、経験に基づく筆者個人の見解であり、筆者が現在所属している法律事務所や、過去に所属していた組織（消費者庁）の見解ではないことを申し添えます。

　最後に、本書を執筆する機会をいただき、かつ、タイトなスケジュールにおいて本書を刊行することができたのは、株式会社商事法務の浅沼亨氏、経営法友会事務局の水石曜一郎氏の御尽力によるものであり、感謝申し上げます。

　2022年1月

中野　真

目　次

目　次

第 1 編

公益通報者保護法の解説

第1編

第1章　公益通報者保護法の全体像

　全体像を把握した後に、細かい部分を知ることが理解への近道ですので、まずは、公益通報者保護法の全体像を簡単に解説します。

第1　公益通報者保護法の目的

　公益通報者保護法の究極の目的は、事業者が、国民の生命、身体、財産その他の利益に関わる法令（以下「**法令**」）を遵守し、消費者を含めた国民の利益を守る点にあり（法1条）、公益通報は、この法令遵守のための手段として位置づけられています。

　具体的には、公益通報者保護法では、事業者内で生じた法令違反の情報を保有する事業者内部の労働者等から、当該情報の提供（公益通報）をしてもらうことを通じて、事業者や行政機関等が、事業者内で生じた法令違反に関する情報を把握し、その把握した情報を活用して、法令違反の有無について調査をし、是正をしていくことが期待されています。

　2000年代初頭に、国民の利益を損なう不祥事が多発し、こうした不祥事をどのようになくしていくのか政府において検討されました。そして、不祥事の多くが事業者内部の者からの情報提供に基づき明らかになったという事情を踏まえ、事業者内部の者からの公益通報を促し、その内容を活用することが、法令遵守に資すると考えられました。このような経緯で、公益通報を容易にし、公益通報を促すためのルールを定める法律として、2004年に公益通報者保護法が制定され、2006年から施行されています。

第2　2020年の法改正

　上記のとおり、公益通報者保護法は、公益通報を通じて事業者の不祥事を早期に発見し、又は未然に防ぐために制定されたものですが、2006年の法施行から長期間が経過した後も、依然として、従業員等が事業者内で生じた法令違反等を知っていたにもかかわらず、長期間通報がされなかった事例や、通報はされたものの適切に法令遵守に向けた対応がとられなかった事例が発生し、国民及び事業者自身に多大な不利益を与える結果となりました。

　こうした不祥事による深刻な被害を踏まえ、状況を改善するための検討がなされ、その結果、2020年に改正法が制定され[1]、2022年6月1日から施行されます[2]。

　筆者も消費者庁の担当者として改正法の制定に携わりましたが、改正法制定時における、公益通報に対する社会の理解は、2004年の法制定当時よりもかなり進んだという認識を持ちました。2004年の法制定当時の記録を読むと、「密告を奨励する」、「密告は日本社会には馴染まない」等の理由から、強い反対意見を示す議員も多数おられました（このような中で公益通報者保護法案の提出に至らせた当時の内閣府の職員の方には尊敬の念を抱くところです）。しかし、改正法制定時には、そのような懸念を示す議員は少数であり、自由民主党消費者問題調査会公益通報者保護制度に関するPT[3]（2019年10月31日から2020年2月6日にかけて実施。座長：宮越光寛衆議院議員）でも賛成意見が大勢であり、「現在の検討内容では不十分なので、立証責任の転換や不利益な取扱いに対する行政措置を導入すべき」旨の意見もありました。経済界その他の関係者からも、公益通報の意義そのものを否定する意見はほぼありませんでした。公益通報に対する理解が社会において進んだと考えられる背景には、大企業のほ

1）詳細は山本隆司＝水町勇一郎＝中野真＝竹村知己『解説　改正公益通報者保護法』（弘文堂、2021）。（以下「**解説改正公益通報者保護法**」という。）37頁以下参照。
2）公益通報者保護法の一部を改正する法律の施行期日を定める政令（令和四年政令第八号）によれば、改正法の施行期日は2022年6月1日とされています。
3）2004年の法制定に向けた議論が行われた自民党消費者問題PTは、岸田文雄衆議院議員（座長）、河野太郎衆議院議員（事務局長）を中心に実施されました。

とんどが内部通報制度を採用する、行政機関においても不正発見のために通報
制度を設ける事例が増えてきた等、通報制度が社会において身近になってきた
という事情や、正義のために通報をしたにもかかわらず、不利益を受けている
例が報道等で取り上げられる機会が多くなり、そのことを不条理であると考え
る人が増えてきたという事情があるからではないかと思います。

第3　公益通報者保護法の概要

① 「公益通報」となる通報の範囲

　社会において行われる通報には、110番通報、電車の緊急通報等の様々な
ものがありますが、法で特別の保護を付与するにあたっては、どこかで明確
な一線を引く必要があります。そのため、公益通報者保護法（改正後の法の
第一章）では、「公益通報」という概念を作り、名称にかかわらず「公益通
報」となる条件を備える通報だけを保護の対象としています。

　この「公益通報」は、罰則（刑罰、過料）の対象となり得る行為の通報に
限定される一方、上司への報告や是正要求をしない情報提供等、かなり広い
範囲の通報行為が含まれます。

　公益通報は、事業者内部への公益通報[4]（内部公益通報のこと。**1号通報**と
もいいます。）、事業者外部への公益通報（以下**「外部公益通報」**）に分けられ
ます。そして、外部公益通報は、権限を有する行政機関への公益通報（以下
「**2号通報**」）、その他の被害の発生又は拡大の防止に必要と認められる者（報
道機関等）への公益通報（以下「**3号通報**」）に分けられます。

　この点については、第3章第1（36頁以下）で解説します。

② 不利益な取扱いからの保護規定

　また、公益通報者保護法（改正後の法の第二章）には、公益通報者に対す
る公益通報を理由とする解雇その他の不利益な取扱い（以下「**不利益な取扱**

---

[4] 正確には、法3条1号及び法6条1号に定める事業者内部での公益通報をいいます。

い」ともいいます。）を禁止する規定が置かれています。公益通報は被通報者
[5] から敵対的な行為と評価され、公益通報者に対して不利益な取扱いが行わ
れやすいといえます。しかし、そのような不利益な取扱いを許せば、不利益
な取扱いを受けることを懸念して、社会において公益通報が行われないこと
になります。公益通報が適切に行われることは、法令遵守という法目的を達
成するための出発点であるため、不利益を受けることを懸念せず、適切に公
益通報をしてもらえるように、不利益な取扱いが禁止されているのです。

　公益通報が1号通報、2号通報、3号通報のいずれに該当するか、通報者
が誰であるか、どのような保護がされるかによって、保護のための要件が異
なります。

　この点については、第3章第2（45頁以下）で解説します。

③　事業者が公益通報に対してとるべき措置等

　さらに、公益通報者保護法（改正後の法の第三章）には、事業者が公益通
報に対してとるべき措置等 [6] を定める規定も置かれています。①で述べたと
おり、公益通報者保護法の究極の目的は、法令の遵守にあるところ、公益通
報を受け付ける事業者や行政機関の側で公益通報に対して適切な措置をとら
なければ、この法の目的が達成できません。また、公益通報者は事業者内部
の者ですので、公益通報者の保護を図るためには、事業者等の取組が不可欠
になります。

　この点については、次章、第2編で解説します。

5）被通報者とは、法令違反行為を行った、行っている又は行おうとしているとして公益通報
　された者をいいます（指針の解説12頁脚注24（本書196頁））。
6）改正後の法第三章では、事業者のとるべき措置のほか、公益通報対応業務従事者のとるべ
　き措置、行政機関のとるべき措置も規定していることから、「等」とされています。

第2章　事業者等の義務に関する公益通報者保護法の規定

第1　改正法により設けられた事業者等の義務の概要

　改正前の公益通報者保護法では、事業者が内部公益通報に対してとるべき措置[7]として、内部公益通報をした者に通知するよう努める義務のみが定められていました（改正前の法9条）。しかし、改正法では、事業者や内部公益通報を取り扱う者の積極的な取組みを通じて、内部公益通報を促し、また、寄せられた内部公益通報の内容を活用することにより、法令遵守を実現するため、法11条以下において、事業者等の義務が新たに設けられました。その義務の内容は、以下の3つです。

＜事業者が負う義務＞

① 公益通報対応業務従事者を指定する義務（法11条1項）

② 内部公益通報に適切に対応する体制の整備その他必要な措置をとる義務（法11条2項）

＜内部公益通報を取り扱う者が負う義務＞

③ 公益通報対応業務従事者又は公益通報対応業務従事者であった者が、公益通報対応業務を行うにあたり知った公益通報者を特定させる情報を正当な理由なく漏らしてはならないとする義務（法12条）

---

7) 公益通報者保護法で定める通報先は、事業者自身、権限を有する行政機関、その他被害の発生又は拡大の防止に必要と認められる者（報道機関等）の3つですが、事業者等の義務については、このうち、主に事業者自身が通報先となる場合を想定したものです。

　まず、①について、公益通報対応業務従事者（従事者）とは、事業者に寄せられる内部公益通報に対して受付、調査、是正に必要な措置を行う者をいいます。事業者としては、こうした従事者を定める義務（従事者指定義務）を負います。

　また、②について、事業者は、内部公益通報に適切に対応する体制の整備その他必要な措置をとる義務（体制整備等義務）を負います。

　従事者指定義務及び体制整備等義務は、全ての事業者が負う義務ですが、一定規模以下の事業者については努力義務にとどまります。従事者指定義務又は体制整備等義務に違反した場合、消費者庁長官による行政措置の対象となるほか、法令違反に伴い生じた損害について、役員が賠償義務を負う可能性もあります。

　③については、事業者自身の義務ではなく、①で定められた従事者又は従事者であった者（従事者等）が負う義務です。従事者等は、公益通報者を特定させる情報について、漏らしてはならないとする義務（従事者守秘義務）を負います。

　従事者守秘義務は、法的義務であり、従事者守秘義務に違反した場合、従事者等に刑事罰が科される場合があるほか、従事者等及び事業者が、公益通報者に対して、民事上の損害賠償責任を負う場合もあります。

　以下、第2において、従事者指定義務・体制整備等義務の内容を解説し、第3において、従事者守秘義務の内容を解説します。

第2　従事者指定義務及び体制整備等義務

1　従事者指定義務及び体制整備等義務が設けられた趣旨

　従事者指定義務（法11条1項）及び体制整備等義務（法11条2項）は、事業者に内部公益通報に対して適切な対応を行うことを義務付けるものです。そもそもなぜ事業者が内部公益通報に対して適切に対応する必要があるのか、必要があるとしても事業者等の自主的な措置に委ねずに法で義務付けたのはどのような理由に基づくのかを解説します。

(1)　事業者が内部公益通報に対して適切に対応する必要性

　公益通報者保護法は、事業者内部の者からの公益通報を促し、その公益通報の内容を活用する（公益通報により寄せられた情報を元に調査し、法令違反行為を是正する）ことを通じて法令遵守を図ることを目的としています。この目的を達成するためには、事業者自身が、内部公益通報に適切に対応していく必要があります。

　例えば、以下のような想定事例を元に考えてみます。

> 建設会社Y社の従業員であるXは、その上司であるAが、Yの下請業者であるZに対し、実際にはZが施工していない工事の代金について水増しして支払っている旨の情報を、Zの従業員から聞いて知った。

　Aは、刑法の詐欺罪、背任罪等に該当する行為をしている疑いがあるところ、Xが知ったAの行為に関する情報は、Yの利害に関係する情報であり、Yが上場していれば、投資家の利害にも関係し得る情報です。そのため、この情報については、Xから、Aの違法行為を是正できる者（Aの上司、通報窓口等）に共有（公益通報）してもらう必要があります。そして、その情報を共有された者において、事実関係を調査し、仮に事実であれば是正（架空発注の停止、再発防止策の策定等）を行い、もって、法令の遵守（この事例でいうと、刑法の遵守）が図られることが期待されます。

　まず、出発点として、情報を知ったXからAの違法行為を是正できる者に情報を共有してもらわなければ、調査も始まりません（この出発点としての情報共有が公益通報にあたります）。

　しかし、Xが情報を共有したことによって、Aからハラスメントを受ける等の不利益を受けるリスクがあれば、Xは情報を共有しようとは思いません。公益通報者保護法では、公益通報を理由とする不利益な取扱いが違法とされ、不利益な取扱いを受けた場合には民事上権利を回復することができますが（法3条以下）、事後的に権利が回復できるとしても、Xには、情報提供をすることについてメリットがないことが通常ですので、不利益な取扱いを受けるという懸念が少しでもあれば、情報共有をしようという気が起こ

りません（公益通報が促されるためには、通報する側の「気持ち」が重要です）。

　そのため、Ｙの側で、例えば、不利益な取扱いを未然に防止する体制を
とる、Ｘが公益通報をしたことを知られないような体制をとる、教育・周
知を通じて公益通報を奨励する等の、公益通報を促すための積極的な措置を
とる必要があります。

　また、これらの措置が功を奏して、Ｘから公益通報（情報提供）がされた
としても、それはあくまで出発点に過ぎません。Ｘが提供した情報を、Ｙ
が放置して、違法状態が是正されなければ、意味がありません。そのため、
Ｙの側で、寄せられた情報を活用して適切に調査をし、法令違反行為があ
れば是正をしていく必要があります。

　このように、公益通報者保護法の目的である法令遵守を実現するために
は、事業者の積極的な対応が不可欠であることから、改正法では、従事者指
定義務・体制整備等義務が新たに設けられました。

⑵　自主的な取組によらずに法で義務付けられた理由

　内部公益通報に対する事業者の適切な対応は、2004 年に公益通報者保護
法が制定された当時から求められていましたが、当時は、法で義務付けるこ
とはされませんでした。

　その理由は、望ましい内部通報対応体制の在り方は、個別事情に応じて異
なり得るため、各事業者の自主的な判断に委ねることが適当とされたからで
す。例えば、あまり人員・予算がないにもかかわらず、厳格な制度を設けて
も、実際に活用されない（何らかの理由をつけてルールどおりに運用されない
等）ことが想定されますし、逆に、十分な企業規模があり、かつ、不祥事が
頻発しているにもかかわらず、形だけ制度を設けても機能しないといえます。

　他方で、法の施行後 10 年余りが経過した後も、内部通報制度を設けては
いるものの、形だけのものであり、実際に通報を促すための措置がとられる
ことなく、事情を知る従業員の誰からも長期間通報がされなかった事例、内
部通報がされたものの、その通報に適切に対応されず、法令違反状態が是正
されなかった事例、このような対応の結果として、法令違反行為が長期間継
続し、投資家、取引先、消費者等のステークホルダーに甚大な被害を与える

こととなり、事業者の社会的評価が毀損され、役員が多額の損害賠償義務を負った事例等が見られました。

　このように、法の制定時に想定されていた、事業者の自主的な取組に委ねるだけでは、適切な措置を取らない事業者も出てくることが明らかになり、このような状態を放置すると、消費者等の国民に更なる被害が生じることから、改正法では、一定の措置が事業者に義務付けられました。

② 従事者指定義務及び体制整備等義務を履行するメリット

　従事者指定義務及び体制整備等義務には、義務に違反した場合のデメリット（行政措置、民事責任等）が予定されているため、こうしたデメリットが生じることを避けるという動機から義務の履行をする方もおられると思います。他方で、デメリットを避けようという動機だけでは、「形だけ、最低限のことだけやっておけばよいだろう」という発想になりがちです。それでは、実効的な体制が構築されず、体制構築にかけた労力・費用・時間が意味のないものとなるおそれがあるほか、結果として、改正法の趣旨に沿った適切な対応がされず、義務違反となる事態にもなりかねません。

　以下のとおり、従事者指定義務及び体制整備等義務を履行することには、事業者の価値の毀損を防ぎ、価値を向上させるというメリットがあるため、こうしたメリットをできる限り享受していくという発想で、従事者指定義務・体制整備等義務の履行をしていただくことが、適切といえます。

⑴ 不祥事の発生・長期化等に伴う事業者への損害を回避することが期待できる

　事業者内で法令違反行為が行われ、それが明るみになれば、事業者自身に対して損害を与えることになります。法令違反行為は、会社資産の横領など、事業者を裏切る行為である場合もあれば、産地偽装など、事業者のために行ったものであるものの、消費者及び顧客を欺く行為である場合もあります。後者については、「事業者のために行っているものだから事業者には損はないのではないか」と思われる方もいるかもしれませんが、それは違います。事業者が行う事業は、消費者、取引先、従業員、株主等により構成され

る社会からの信用により成り立っているものであり、消費者や顧客を欺く行為が明らかになれば、社会からの信用が損なわれます。その結果、株価の下落、取引の減少、人材の流出等が起これば、事業の継続が困難となる場合もあります[8]。長年事業を展開し、社会からの信頼が積み重ねられている事業者ほど、消費者及び顧客を欺く行為による企業価値の毀損の程度は大きく、先人の長年の取組により作り上げてきた信頼が失われることに対する道義的な責任も重いといえます。

　事業者だけではなく、役職員個人においても、長年勤めてきた企業のブランド価値が下がり、今後のキャリアにも影響する等の不利益を被ります。自身は不祥事に関与していなくとも、社会からは同じように見られる場合もあります。

　「ばれなければ問題ないのではないか」と思われる方もいるかもしれません。しかし、人の口を物理的にふさぐことはできない以上、未来永劫不正が明るみにならないという保障はなく、実際に、何十年も職場で習慣的に続けられてきた不正行為が明るみになり社会から非難された例は枚挙に暇がありません。退職をした後でも、安心できず、退職後に「あの時の不祥事にあの人が関わっていたのだ」ということが判明すれば、退職後でも責任を追及される場合があります。

　これに対して、事業者内部の者からの内部公益通報が促進されることにより、事業者が法令違反行為に対して早期に対応することができれば、上記のような価値の毀損を防ぐことが期待できます。内部公益通報を含む内部通報は、各種調査によっても、不正の発見の端緒として最も多く[9]、不正を発見するためのツールとして最も優れているとされており[10]、内部公益通報の

8）帝国データバンク「コンプライアンス違反企業の倒産動向調査（2020 年度）」（2021 年 4 月 9 日）では、2020 年度の企業の倒産のうち「粉飾」や「業法違反」「脱税」などのコンプライアンス違反が取材により判明したものが 182 件あるとされています。「粉飾」による倒産が減少する一方で、労働問題などを抱えた企業の倒産が増加しているとされており、労務面においてもコンプライアンスを強化する必要性が伺われます。
https://www.tdb.co.jp/report/watching/press/pdf/p210403.pdf
9）実際に、消費者庁や民間機関の調査では、社内の不正発見の端緒については内部通報が最も多いという結果が示されています（解説改正公益通報者保護法 69 頁脚注 6 参照）。
10）このことが、各国において公益通報者保護に関する法整備が進められている理由でありますし、時の権力者が密告を推奨することにより市民の統制を図ってきた理由でもあります。

促進により、法令違反行為の早期発見・是正が期待できるところです。

　また、こうした内部公益通報が促されることによって、法令違反行為を未然に防止することも期待できます。通報制度は「監視カメラ」の代わりであると言われることもありますが、法令違反行為を行えば、通報されて必ず明らかになってしまうという状況では、法令違反行為をする機会がなくなるため、法令違反行為をしようとは思わなくなります。人はメリットとデメリットを比較して行動するところ、法令違反行為をするメリットがなくなり、代わりにすぐに判明して制裁を受けるというデメリットが大きくなることから、法令違反行為を防ぐことが期待できるのです。

　さらに、こうした内部公益通報がしやすくなることによって、外部公益通報に至る事態を防ぐこともできます。不正を知った労働者等が、行政機関や報道機関への情報提供や、インターネットへの書き込み等の方法により、外部公益通報をすることで、事業者のレピュテーションが毀損される場合があります。こうした外部公益通報をしないよう牽制したとしても、人の実際の行動を物理的に制限することはできないことから、外部公益通報がされないという保障はありません。他方で、内部公益通報をしやすくすることにより、外部公益通報の前に内部公益通報がされるようになれば、事業者自ら不正を把握して是正措置をとることができ、予期せぬところで、法令違反に係る情報が外部に流れ、レピュテーションが毀損されるという事態を防ぐことができます。

⑵　企業価値を向上させることが期待できる

　⑴の反射的な効果ではありますが、不祥事のリスクの少ない企業となることにより、企業価値を向上させることが期待できます。投資はリスクとリターンを考慮してされるものであるため、不祥事により株価が下落するリスクが低いということであれば、投資がされやすくなります。また、高いレピュテーションが維持されることで、優秀な人材を獲得することや、優秀な人材が流出することを防止することができ、取引が増加することも期待できます。

　さらに、事業者内部の従業員から寄せられる職場の不満・問題点に関する

情報は、経営面からみても、貴重な情報である場合があります。寄せられた情報を上手く活用して [11]、業務改善に活かすことで、企業価値を向上させることも期待できるところです。

③　従事者指定義務（法 11 条 1 項）の解説

以下、事業者の従事者指定義務及び体制整備等義務の内容について、解説します。まず、③、④において、それぞれの義務に特有の事項を解説し、その後、⑤において、両者に共通する事項を解説します。

(1)　従事者指定義務の概要

法 11 条 1 項は、「事業者は、第三条第一号及び第六条第一号に定める公益通報を受け、並びに当該公益通報に係る通報対象事実の調査をし、及びその是正に必要な措置をとる業務（次条において「公益通報対応業務」という。）に従事する者（次条において「公益通報対応業務従事者」という。）を定めなければならない。」と定め、従事者を指定する義務を事業者に課しています。

この従事者指定義務はあらゆる事業者が負う義務であり [12]、義務に違反した場合には、消費者庁長官による行政措置の対象となるほか、義務違反により事業者に生じた損害（法令違反行為を知っていた従業員がいたにもかかわらず早期に内部公益通報がされなかったことにより、レピュテーションが毀損し株価が下落したことにより生じた損害等）について、役員が損害賠償義務を負う場合もあります。

事業者に従事者指定義務が課された趣旨は、組織的に内部公益通報への対応を行う者に対して、公益通報者特定情報についての守秘義務を負わせることで、公益通報者特定情報の秘匿性を高め、内部公益通報を促すという点にあります。副次的な効果として、専門に通報対応を行う役職員が常時配置されることにより、調査や是正措置が適切に行われることも期待されます（調査業務を行った経験がない職場の上司等が内部公益通報への対応を行うよりも、受付・調査・是正に必要な措置を業務として日常的に行っており、これらの対応

---

11) 公益通報者を特定させる情報の秘匿等のルールは遵守する必要があります。
12) 一定規模以下の事業者が負う義務は努力義務ですが、努力義務を履行していない場合にも、消費者庁長官による助言指導、勧告の対象となります。

に精通している者が内部公益通報への対応を行った方が、受付・調査・是正に必要な措置が適切に行われることが期待できる場合が多いといえます）。

どのような者を、どのような方法で従事者として指定しなければならないかについては、指針（指針本文第3）において大要が示されていますが、あくまで大要であり、具体的に求められる内容は個々の事業者によって異なり得ます（指針については第2編において解説します）。

(2)　法 11 条 1 項の文言の意味

ア　義務を負う「事業者」

義務を負う「事業者」は、法2条1項に定める「事業者」と同じです。すなわち、「法人その他の団体及び事業を行う個人」をいいます。

この「法人」に限定はなく、医療法人、学校法人、宗教法人、独立行政法人、監査法人、公法人（国、地方公共団体）、日本弁護士連合会等々、法人格を有するあらゆる団体が含まれます。

「その他の団体」は法人格のないあらゆる団体をいい、組合、権利能力なき社団などが想定されます。

「事業を行う個人」とは、いわゆる個人事業主を指します。

このように、基本的には、およそあらゆる事業を行う主体が従事者指定義務を負います（後述のとおり、従業員数が一定規模以下の事業者の義務は努力義務となります。）、他方で、従事者は内部公益通報に対応する業務を行う者である以上、内部公益通報を受けることが想定されない場合には、性質上従事者指定義務を負わないといえます。例えば、従業員を一人も雇用しておらず、退職した者も役員もおらず、取引先事業者の従業員からの内部公益通報（法2条1項3号参照）も想定されないといった場合には、性質上義務を負わないといえます。

「事業者」となる者は、後述のとおり、労働者、派遣労働者、退職者、役員の役務提供先です（第3章第1④（39頁以下）参照）。複雑なようにもみえますが、事業者の側においては、自社において「労働者（派遣労働者、取引先の労働者を含む）」「役員」「退職者」となり得る者は誰かということを想定し、これらの者からの公益通報に対応するという方針で検討す

れば、さほど複雑ではありません。

イ　「公益通報対応業務従事者」とは

定める対象となる「公益通報対応業務従事者」（従事者）とは、「公益通報対応業務」に「従事する者」です。

㈠　「公益通報対応業務」

「公益通報対応業務」とは、法11条1項では、「第三条第一号及び第六条第一号に定める公益通報を受け、並びに当該公益通報に係る通報対象事実の調査をし、及びその是正に必要な措置をとる業務」とされています。概していえば、内部公益通報の「受付」、受け付けた通報を活用した「調査」、調査結果を踏まえた「是正に必要な措置」のいずれかの業務をいいます。

「第三条第一号及び第六条第一号に定める公益通報」とは、事業者の労働者及び役員並びに退職者による事業者に対する公益通報、すなわち、内部公益通報（1号通報）のことをいいます。内部公益通報は、事業者に対する公益通報ですが、ここでいう「事業者」とは、事業者の代表権を持つ役員に限られるものではなく、事業者のその他の役員や、事業者に雇用されている職員等も含みます。例えば、同僚が法令違反行為を行っていることを知ったというケースを想定した場合、同僚自身に止めるよう求めること[13]、上司に対して報告すること、ホットラインに対して通報することのいずれも内部公益通報に当たり得ます。このホットラインは、事業者が定めた外部窓口（弁護士等）である場合もありますが、事業者の役員や労働者以外の者に通報をする場合も、内部公益通報に当たる場合があります。

「……を受け」とは、内部公益通報を受けることを指します。上司の場合であれば、部下から報告を受ける、ホットラインであれば、窓口で通報を受け付けることが想定されます。

13）他方で、この場合の同僚は、業務として内部公益通報を受けているわけではないことから、公益通報対応業務を行っているとはいえません。

　「当該公益通報に係る通報対象事実の調査をし」とは、寄せられた情報について調査を行うことを指します。この「調査」の方法や程度は、後述のとおり事業者の裁量に委ねられており（第2編第3章第1③(2)エ(ア)（107頁）参照。裁量権の逸脱・濫用については問題となり得ます。）、ケースによっては話を聞くだけで済ませることも裁量の範囲内といえます。

　「その是正に必要な措置をとる」とは、法令違反の状態を解消する（発生していない場合は未然に防止する）だけではなく、被害の回復、再発防止等も想定されています。

　「業務」は、明示的に業務として指定されている必要はなく、当該行為がその者の雇用契約で予定されている職務の範囲内の行為であるといえれば足ります。例えば、上司が部下から同僚の法令違反行為に関する報告を受けた際に、上司が事実を確認し問題があれば是正（その者の上司等に報告することも含む）することは、通常は、雇用契約で予定されている職務の範囲内の行為であるといえます。

　受付、調査、是正の関係については、「……並びに……及び……」と規定されていますが、これらのすべてを一人で行う業務でなければ公益通報対応業務といえないわけではなく、これらのうち一部でも行っていれば、公益通報対応業務にあたります[14]。例えば、内部公益通報の受付のみ行う場合、内部公益通報の調査のみ行う場合、内部公益通報の是正措置のみ行う場合のいずれについても、公益通報対応業務に当たります。

(イ)　「従事する者」

　「従事する者」の範囲は、指針においてその大要が明らかにされており、「内部公益通報受付窓口において受け付ける内部公益通報に関して公益通報対応業務を行う者であり、かつ、当該業務に関して公益通報者を特定させる事項を伝達される者」です（指針本文第3.1）。

　概していえば、ホットラインに寄せられる内部公益通報について、公

14）指針の解説5頁（本書189頁）参照

益通報者特定情報を共有されつつ公益通報対応業務を行う者をいいます（この点の詳細は、第 2 編第 2 章第 1（62 頁以下）において解説します。）。

ウ　「定めなければならない」とは

「定めなければならない」とは、定めることが法律上求められること、定めない場合に違法になること（法的義務であること）を意味しています。

まず、事業者内において、「内部公益通報受付窓口において受け付ける内部公益通報に関して公益通報対応業務を行う者であり、かつ、当該業務に関して公益通報者を特定させる事項を伝達される者」がいない場合には、当該業務を行う者を創設的に設ける必要があるといえます（とはいえ、法 11 条 2 項により内部公益通報受付窓口の設置が求められており、当該窓口を設け、その担当者を定める場合には、「内部公益通報受付窓口において受け付ける内部公益通報に関して公益通報対応業務を行う者」が一人もいないという事態は生じないといえます）。

また、客観的に「内部公益通報受付窓口において受け付ける内部公益通報に関して公益通報対応業務を行う者であり、かつ、当該業務に関して公益通報者を特定させる事項を伝達される者」が複数人存在する場合には、それら全ての者を従事者として定め、守秘義務を負う対象としなければなりません。役員レベルの方を従事者として指定することについては躊躇があるという声もありますが、役職にかかわらず、実質的に「内部公益通報受付窓口において受け付ける内部公益通報に関して公益通報対応業務を行う者であり、かつ、当該業務に関して公益通報者を特定させる事項を伝達される者」にあたる場合には、従事者として定める必要があります。

なお、法 11 条 3 項は「常時使用する労働者の数が三百人以下の事業者については、第一項中「定めなければ」とあるのは「定めるように努めなければ」と、前項中「とらなければ」とあるのは「とるように努めなければ」とする。」と定めており、常時使用する労働者数が 300 人以下の事業者については、従事者指定義務は努力義務となります。

第2章

17

第
1
編

エ　「定め」る方法について

　「定め」る方法については、指針においてその大要が明らかにされており、「事業者は、従事者を定める際には、書面により指定をするなど、従事者の地位に就くことが従事者となる者自身に明らかとなる方法により定めなければならない。」というものです（指針本文第3.2。この点の詳細は第2編第2章第2（87頁以下）において解説します。）。

(3)　従事者指定の限界

　法においては、指定する従事者の数についての制限や、現に従事者としての業務を行っていない者を従事者として指定することについての制限が定められていないことから、事業者が予防的に事業者内の全従業員を従事者として指定するケースも想定されます。他方で、こうした指定方法は、業務上の必要性に基づくものとはいえず、従事者として指定された者は予期せぬ形で刑事罰を負う立場に置かれるという不利益があるといえることから、権利濫用として違法になる可能性もあります。また、指針においては従事者への十分な教育が求められているところ（指針第4.3(1)イ）、こうした指定方法をとった場合、従事者として指定された者に十分な教育を行っていないと評価される可能性もあります[15]。

④　体制整備等義務（法11条2項）の解説

(1)　体制整備等義務の概要

　法11条2項は、「事業者は、前項に定めるもののほか、公益通報者の保護を図るとともに、公益通報の内容の活用により国民の生命、身体、財産その他の利益の保護に関わる法令の規定の遵守を図るため、第三条第一号及び第六条第一号に定める公益通報に応じ、適切に対応するために必要な体制の整備その他の必要な措置をとらなければならない。」と定め、内部公益通報対応体制[16]の整備その他必要な措置をとる義務を事業者に課しています。

---

15)　解説改正公益通報者保護法230頁参照
16)　「内部公益通報対応体制」とは、指針本文「第2　用語の解説」では、法第11条第2項に定める、事業者が内部公益通報に応じ、適切に対応するために整備する体制をいうとされています。

　この義務はあらゆる事業者が負う義務であり（一定規模以下の事業者は努力義務です）、義務に違反した場合には、消費者庁長官による行政措置の対象となるほか、義務違反により事業者に生じた損害について、役員が損害賠償義務を負う場合もあります。

　体制整備等義務の履行としてどのような体制を整備しなければならないか、どのような措置をとらなければならないかは、指針において大要が示されていますが（指針本文第4）、あくまで大要であり、具体的に求められる内容は個々の事業者によって異なります（指針については第2編において解説します）。

(2)　法11条2項の文言の意味

ア　「事業者」

　体制整備等義務を負う「事業者」は、法2条1項に定める「事業者」と同じであり、「法人その他の団体及び事業を行う個人」をいいます（第3章第1④（39頁以下）参照）。

イ　「前項に定めるもののほか」

　「前項に定めるもののほか」とは、前項（法11条1項）に定める従事者指定義務も、「必要な体制の整備その他の必要な措置」の一つであることを示しています。従業者指定義務は、その重要性に鑑み、体制整備等義務とは別途規定されています。

ウ　「公益通報者の保護を図るとともに、公益通報の内容の活用により国民の生命、身体、財産その他の利益の保護に関わる法令の規定の遵守を図るため」

　法11条2項は、必要な体制の整備その他の必要な措置をとる目的として、「公益通報者の保護」、「公益通報の内容の活用により……法令の規定の遵守を図る」ことを掲げています。

　「公益通報者の保護」については、公益通報をしても不利益を受けないという安心感が、公益通報を促進するための前提となることから求められ

第
1
編

ています。

　また、法が公益通報を促進する究極の目的は法令の遵守にあることから、「公益通報の内容の活用により……法令の規定の遵守を図る」ための措置が必要になります。

　事業者が、法11条2項に沿って、「必要な体制の整備その他の必要な措置」を構築するにあたっては、その措置が、公益通報者の保護に資するのか、法令遵守に資するのかを念頭においた上で対応する必要があります。

エ　「第三条第一号及び第六条第一号に定める公益通報」

　「第三条第一号及び第六条第一号に定める公益通報」は、事業者内部への公益通報、すなわち、内部公益通報、1号通報のことをいいます。

オ　「に応じ、適切に対応するため」

　「に応じ、適切に対応するため」とは、公益通報対応業務を実施するため、具体的には、内部公益通報を受け付け、調査及び是正に必要な措置を行うためと言い換えることができます。

カ　「必要な体制の整備その他の必要な措置」

　「必要な体制の整備その他の必要な措置」とは、単に体制整備（規程類の整備、人員配置、予算措置等）をすることだけを意味するものではなく、それを超えた、公益通報者の保護、法令遵守のために必要な措置を求めるものです。

　具体的な措置の大要は指針において明らかにされていますが、指針の項目は、内部公益通報受付窓口経由の内部公益通報（いわゆるホットラインに寄せられる内部公益通報）のみに求められる措置と、それ以外の内部公益通報（上司や同僚への報告が内部公益通報にあたる場合等）も含めて求められる措置に分けられます。

　これらの詳細は第2編第3章（90頁以下）で解説します。

キ　「とらなければならない」とは

　「とらなければならない」とは、必要な体制の整備その他必要な措置をとることが法律上求められること、措置をとらない場合に違法になること（法的義務であること）を意味しています。他方で、常時使用する労働者が300人以下の事業者については、努力義務となります。

⑤　従事者指定義務及び体制整備等義務に共通する事項

⑴　義務の大要は指針で定められている

　従事者指定義務及び体制整備等義務を定める法11条1項及び2項の規定は、必ずしも明確ではなく、どのような者をどのような形で従事者として定めれば良いのか、また、どのような体制を構築し、どのような運用を行えば良いのかが、条文を読んだだけではわかりません。そのため、これら義務の大要については、内閣総理大臣が定める「指針」において明らかにすることとされています（法11条4項）。

　指針の正式名称は、「公益通報者保護法第11条第1項及び第2項の規定に基づき事業者がとるべき措置に関して、その適切かつ有効な実施を図るために必要な指針」（令和3年8月20日内閣府告示第118号）であり、内閣府告示という形式で発出されています。

　一般的に、法律に規定される規制の具体的内容については、政令、府省令という形式で定められる場合もあります。他方で、事業者のとるべき措置の具体的な内容は、個別事情に応じて異なり得るところ[17]、政令・府省令の法形式で定める場合、このような個別事情に応じた具体的な内容を求めることが比較的困難となります。また、法11条の履行を担保するための措置としては、助言指導・勧告・公表といった比較的緩やかな措置が設けられていることから、明確性の要請も、刑事罰により履行が担保されている場合と比較すると、高くはありません。そのため、告示という形式で定めることが適当とされたものです。

　この指針自体が法規範となるか否かは明確ではありませんが、少なくとも

17）指針の解説2頁（本書186頁）

法 11 条 1 項及び 2 項について、内閣総理大臣による公式の法解釈を示した
ものといえるため、指針に反する対応を行った場合には、法 11 条 1 項又は
2 項の違反と判断されることになります。

⑵　一定規模以下の事業者については努力義務となる

　従事者指定義務及び体制整備等義務について、法 11 条 3 項は「常時使用
する労働者の数が三百人以下の事業者については、第一項中「定めなけれ
ば」とあるのは<u>「定めるように努めなければ」</u>と、前項中「とらなければ」
とあるのは<u>「とるように努めなければ」とする。</u>」と定めています。

　「努めなければならない」とは、義務を履行するという結果が求められる
わけではないものの、義務を履行するよう努力することが法律上求められる
こと、努力をしない場合には違法になること（努力義務であること）を意味
しています。

　「常時使用する」とは、常態として使用する労働者を指すことから、パー
トタイマーであっても、繁忙期のみ一時的に雇い入れるような場合を除いて
含まれます [18]。

　「労働者」とは、労働基準法 9 条の労働者をいい、これに該当するか否か
は契約の形式ではなく、実質的に判断されます [19]。そのため、契約書の文
言をベースに数えて労働者を 301 人雇用していない場合であっても、法的義
務を負う場合があるため、注意が必要です。

⑶　事業者が従事者指定義務・体制整備等義務に違反した場合の効果

　ア　概説

　事業者が、例えば、従事者として誰も指定しない、従事者として指定す
べき者を従事者として指定しない、従事者として指定されることが従事者
自身に明らかとなる方法で指定しない等、従事者指定義務に違反したと評
価される場合があります。また、例えば、事業者が、部門横断的な通報窓

---

18)　消費者庁「公益通報者保護法の一部を改正する法律（令和 2 年法律第 51 号）に関する Q
　　 ＆ A（改正法 Q ＆ A）」（令和 3 年 8 月）参照
19)　解説改正公益通報者保護法 89 頁、359 頁参照

口を設置していない、窓口は設置しているものの客観的に内部公益通報に該当する通報を受け付けていない、実績を社内に開示していない、運用上は指針に沿った対応をしているが指針で求める事項を内部規程に定めていないなど、体制整備等義務に違反したと評価される場合があります。

このように、事業者が従事者指定義務・体制整備等義務に違反した場合の効果（事業者が被るデメリット）について解説します。

イ　消費者庁長官による行政措置

(ア)　法的義務を負う事業者の場合

法的義務を負う事業者（常時雇用労働者が301人以上の事業者）の場合、まず、消費者庁長官による助言指導、勧告の対象となります（法15条）。

例えば、「……について従事者として指定する必要があるが、現状では指定されていないことから、指定する必要がある」旨を消費者庁長官から求められることが想定されます。指導、勧告がどのような形で行われるのか（口頭なのか、文書の発出があるのか）については、現時点では判明していませんが、少なくとも勧告については、公表（法16条）の前提となる行為である以上、当該行為が勧告であるということが事業者に明らかとなる形で行われるといえます。

さらに、事業者が勧告に従わない場合には、公表の対象となります（法16条）。公表は、勧告に従わせるための措置として用意された手段であること、他の法令に基づく執行においても事業者名を明らかにする形で行われていることから、事業者名を特定する形で公表されることが想定されます[20]。

公表については、特に大規模な事業者が公表された場合、ニュースバリューが大きいことから、報道されるリスク（これにより事業者のレピュテーションが毀損されるリスク）も高まることが想定されます。公表の方法としては、消費者庁のウェブサイトへの掲載が想定されますが、この

20）解説改正公益通報者保護法279頁参照

場合、長期間にわたって掲載されることが通常であることから、その間、事業者のレピュテーションの毀損が継続することになり、事業者に与える影響は大きいといえます。

(イ)　努力義務を負うにとどまる事業者の場合

努力義務を負うにとどまる常時雇用労働者が 300 人以下の事業者については、勧告に従わなかった場合の公表の対象にはなりませんが[21]、消費者庁長官による助言指導、勧告の対象にはなるため（法 15 条）、注意が必要です。

ウ　役員の損害賠償義務

(ア)　法的義務を負う事業者の役員

法的義務を負う常時雇用労働者が 301 人以上の事業者の場合、役員が株主等の利害関係者に対して損害賠償義務を負う場合があります[22]。すなわち、会社法上の役員については、法令遵守義務（会社法 355 条）を負うところ、従事者指定義務及び体制整備等義務は取締役が遵守すべき「法令」に該当しますので、従事者指定義務又は体制整備等義務を履行しない場合、法令遵守義務の違反にあたるとして、取締役が損害賠償義務を負う場合があります[23]。

例えば、企業不祥事に伴う役員に対する株主代表訴訟において、不祥事による法令違反行為を認識していた従業員が、内部公益通報をしなかった理由について、「従事者として指定されるべき者が指定されてお

---

21)　勧告の根拠規定である法 15 条では、「第十一条第一項及び第二項（これらの規定を同条第三項の規定により読み替えて適用する場合を含む。）」としており、努力義務の場合（11 条 3 項）も対象となりますが、公表の根拠規定である法 16 条には、このような括弧書きがないことから、努力義務の場合は対象となりません（なお、法 15 条の括弧書きの記載を 16 条以下にも同様に及ぼすのであれば、「適用する場合を含む。以下同じ。」と規定されなければなりません）。

22)　詳細は解説改正公益通報者保護法 215 頁参照

23)　政府も、国会審議において、従事者指定義務に違反した場合については、株主代表訴訟の対象となり得る（取締役が会社に対して損害賠償義務を負う）と説明しています（第 201 回国会衆議院消費者問題に関する特別委員会第 5 号 2020 年 5 月 19 日：山本和嘉子議員の質問に対する大塚副大臣の答弁参照）。

らず、秘密が守られるか不明で安心して通報ができなかった。」と証言する場合が想定されます。こうした証言等を証拠資料として、裁判所が、従事者指定義務の履行がされていれば、早期に情報が会社に共有されていたと判断し、法令遵守義務違反と損害との間の因果関係を認定する場合も想定されます。

(イ)　努力義務を負うにとどまる事業者の役員

　努力義務を負うにとどまる常時雇用労働者が300人以下の事業者の役員は、法令遵守義務違反として損害賠償責任は負わないと考えられますが、判例法理に基づくリスク管理体制構築義務違反として損害賠償責任を負うことが想定されます[24]。

　例えば、持株会社の場合には、常時雇用する労働者の数が300人以下であるケースも多いですが、同規模の企業グループの持株会社の大半が指針に沿った制度を構築しているにもかかわらず、自社では構築していないという場合には、通常想定される不正行為を防止し得る程度の内部公益通報対応体制を整備していないとして、リスク管理体制構築義務違反と評価される場合も想定されます。

(4)　**従事者指定義務及び体制整備等義務の違反に対する消費者庁による調査**

　従事者指定義務、体制整備等義務が適切に履行されていない場合、当該情報が、労働者等から消費者庁に対して寄せられる可能性があります（このような情報提供が公益通報に該当し得ると解する考え方もありますが、そうではない考え方もあります[25]）。

　このような情報等を端緒として、消費者庁が、従事者指定義務、体制整備等義務の履行の有無について調査を行うことになります。

　消費者庁には、調査権限として報告徴収の権限が付与されたことから（法15条）、従事者指定義務又は体制整備等義務の履行について疑いのある事業者は、消費者庁から、報告徴収命令を受ける可能性があります。この報告徴

24）解説改正公益通報者保護法217頁参照
25）解説改正公益通報者保護法325頁脚注38参照

収命令に対して、報告を行わない場合、又は虚偽の報告をした場合には、過料の制裁を受けます（法22条）。

　過料は刑罰ではなく行政罰であることから、「大したことがない」との印象を持たれる方もいるかもしれません。しかし、調査の際には、消費者庁が他省庁と連携することも想定され（法17条参照）、調査に関連する情報が、行政機関の間において共有されないとはいえません。場合によっては、事業者の業所管省庁に情報が共有されるケースも想定されます。そのため、消費者庁による調査権限の行使に対しては、誠実に対応していくことが必要になります[26]。

(5)　従事者指定義務及び体制整備等義務を履行する主体

　従事者指定義務及び体制整備等義務は事業者の義務ですが、事業者内で実際に義務の履行のための措置を行う者は役員、従業員等の自然人であり、具体的に誰が履行する必要があるのかが問題となります（取締役の業務執行として行うことができるのか、取締役会で判断することが必要なのかという問題です）。

　従事者指定義務及び体制整備等義務は、その不履行が役員の損害賠償義務を生じさせる性質のものであること、企業自身の存亡にも関わる危機を生じさせた企業不祥事を契機として、こうした事態を防止するために設けられた義務であること等からすれば、従事者指定義務及び体制整備等義務の履行は、少なくとも、その基本方針の決定については、「その他の重要な業務執行の決定」（会社法362条4項柱書）にあたるとして、取締役会決議で行うことが必要になると考えられます[27]。

26）仮に、事業者が報告徴収に従わないという事態が繰り返されれば、それが立法事実となり、立ち入り検査等の強力な調査権限が付与されることも予想されます。
27）解説改正公益通報者保護法216頁脚注45

第3　従事者守秘義務

1　従事者守秘義務が設けられた趣旨

　公益通報が適切に行われることは、法令遵守のための出発点ですが、自ら
が公益通報をしたことが他者に知られることで、不利益な取扱いを受ける懸
念がある、偏見の目でみられる懸念がある等の理由により、自らが公益通報
をしたことが他者に知られてしまう場合には、公益通報をしないという選択
をされる方もおります。そのため、内部公益通報を促すためには、公益通報
者を特定させる事項が他者に漏れないようにする必要があることから、公益
通報者特定情報について取り扱うことが想定される従事者又は従事者であっ
た者（従事者等）に対して、従事者守秘義務（法12条）が課されました。

2　従事者守秘義務の概要

　法12条は、「公益通報対応業務従事者又は公益通報対応業務従事者であっ
た者は、正当な理由がなく、その公益通報対応業務に関して知り得た事項で
あって公益通報者を特定させるものを漏らしてはならない。」と定め、従事
者又は従事者であった者に、公益通報者特定情報に関する守秘義務を課して
います。

　この義務はあらゆる事業者の従事者が負う義務であり、従事者指定義務
（法11条1項）について努力義務を負うにとどまる事業者の従事者であって
も、従事者として定められた場合は義務を負います。そして、義務に違反し
た場合には、刑事罰の対象となります[28]。

　義務の内容については、法11条と異なり指針に定められるわけではな
く、改正法の制定時に既に内容が決まっているという建付です[29]。

28）解説改正公益通報者保護法308頁
29）内閣法制局の法案審査の過程においては、法12条の各文言の具体的な意味内容・解釈に
　ついて説明をした上で法案審査が行われており、国会審議においても、解釈の主要な点につ
　いては政府からの答弁により明らかにされています。

③ 法12条の文言の意味

(1) 「公益通報対応業務従事者又は公益通報対応業務従事者であった者」

従事者守秘義務を負う主体となる「公益通報対応業務従事者」とは、法11条1項により定められた公益通報対応業務従事者（従事者）をいいます。

内部公益通報を受けた者が従事者として定められていなかった場合には、刑事罰を負いません[30]。また、形式上、従事者として定められていても、実際に公益通報対応業務を行っていない場合には、従事者に該当しないといえます。

「公益通報対応業務従事者であった者」とは、現在は従事者ではないものの、過去に従事者であった者をいいます。この場合の守秘義務を負う期間については、制限がなく、永久に負うことになります[31]。

例えば、以下の事例において、Aは「公益通報対応業務従事者であった者」であるとして、法12条に違反するといえます。

> 内部公益通報受付窓口の受付担当者であり従事者に指定されていたAは、2022年7月にBから内部公益通報を受け、その翌年に別の業務に配置転換された。その後、Bが内部公益通報をしたことをずっと黙っていたが、定年間際である2040年、Bが内部公益通報をしたことを私的な酒食の際に同僚に話した。

(2) 「その公益通報対応業務に関して知り得た事項であって公益通報者を特定させるもの」を漏らしてはならない

ア 「公益通報者を特定させるもの」

「公益通報者を特定させるもの」（公益通報者特定情報）とは、その情報を知った者において、公益通報をした者が誰であるかを認識することができる事項を意味します。公益通報者の氏名だけではなく、部署、役職、性別などの属性や、通報内容であっても該当する場合があります[32]。

---

30) 意見募集への回答別表39頁掲載の消費者庁の考え方参照
31) 意見募集への回答別表55頁掲載の消費者庁の考え方参照

　例えば、以下の事例において、Bは「公益通報者を特定させるもの」を伝えたことになるといえます。

> 　A部には男性がX一人しかいなかったところ、従事者であるBは、仲の良い同僚Cに対し、「他言をするな」と告げつつ、A部の男性から内部公益通報があったことを伝えた。Cは、A部に男性がX一人だけしかいないこと知っていたことから、Xが公益通報者であることを排他的に認識した。

イ　「その公益通報対応業務に関して知り得た事項」

　「その公益通報対応業務に関して知り得た事項」とは、公益通報対応業務（第2 ③(2)イ(ア)（15頁以下）参照）を遂行する過程において知ることができた事項をいいます[33]。それ以外の場面（プライベートな場面、公益通報対応業務以外の業務を行う場面）において知った事項は含みません。

(3)　「正当な理由がなく、……漏らしてはならない。」

ア　「正当な理由」

　「正当な理由」とは、漏らす行為に違法性がないとして許容される事由をいいます。この事由は違法性阻却事由であることから、その存否は、個別具体的な事情に応じて実質的に判断されることになります。

　あくまで実質判断であるため、個別具体的な事情に応じて異なり、確たることはいえませんが、筆者の私見として、違法性阻却が認められると考えられる例と認められないと考えられる例を挙げます。

　まず、以下の例は、通報内容を共有する必要性が高く、かつ、氏名そのものではなく、通報内容を共有したにとどまることから、「正当な理由」があると考えられます。

---

32)　指針の解説20頁脚注35（本書204頁）参照
33)　「知った事項」ではなく、「知り得た事項」としているため、現実に業務上知った情報ではなくとも、客観的に「業務に関して知り得た」といえる情報であれば対象となります（他方で、内閣法制局への説明内容を踏まえると、公益通報対応業務と無関係に知ることができた事項は対象となりません）。

＜正当な理由があると考えられる例＞

> 内部公益通報をしたＸが、通報内容を社内の担当者に伝えるだけでも自分が通報をしたことがわかってしまうとして、通報内容を社内の担当者に共有することを拒んでいたが、消費者の生命・身体に重大な被害が発生するおそれがあり、社内の担当者に共有しなければ調査が進められない状況であったため、従事者であるＺは、Ｘの氏名や所属を伝えずに、通報内容を、社内の調査の担当者であるＡに伝えた。その結果、Ａにおいて公益通報者がＸであると排他的に認識した。

　他方で、以下の例は、形の上ではＸの同意があるといい得るものの、氏名や通報内容を共有する必要性が低い状況下において、共有の必要性や範囲の証明もしないまま、通報者の特定に繋がるリスクが高度な氏名の情報を共有しており、共有先の範囲も広く、Ｘに与える不利益が大きいといえることから、「正当な理由」がないと考えられます。

＜正当な理由があるとはいえないと考えられる例＞

> 通報内容や氏名を他部署に共有する必要性があるとはいえない事案において、コンプライアンス統括部に所属する従事者であるＺが、匿名で通報をしてきた公益通報者に対して、情報共有の範囲や必要性について説明をしないまま、「社内に情報を共有したいので名前を教えてくれないか」と尋ね、通報者が「Ｘです」と実名を明かしたところ、それを受けたＺが社内の職員全員に対してＸの氏名を明らかにした上で、通報内容を共有した。

　「正当な理由」が認められる場合の一つとして、通報者の同意がある場合があります。他方で、同意の範囲について公益通報者と従事者との間で、認識に差異がある場合もあるため、注意が必要です。

　例えば、公益通報者が「自分が通報者であると知られてもかまわない」と述べるにとどまった場合には、公益通報者としては「状況により知られてもやむを得ないものの、積極的に自分が通報者であることを明らかにはして欲しくない」と考えている場合もあります。

　このようなケースで、従事者が公益通報者の氏名を積極的に明らかにした場合、①当該行為が客観的に同意の範囲内の行為である、②客観的には同意の範囲内の行為ではないものの、従事者において同意があると誤信しているという二つの見方が考えられます。①の見方をする場合には、「正当な理由」が存在し、法21条の犯罪が成立しないといえます[34]。②の見方をする場合は、「正当な理由」が存在しないものの従事者において、存在していると誤信しているといえ、「正当な理由」は違法性阻却事由であることから、違法性阻却事由に錯誤があるといえ、故意がなく、法21条の犯罪は成立しないといえます[35]。このように、いずれの見方をしても法21条の犯罪が成立しない可能性があり、過度に警戒をして必要な情報共有を躊躇する必要はありませんが、過失があるとして民事上の損害賠償責任の問題が生じる場合があり、少なくとも、公益通報者との間でトラブルになる可能性はあるため、通報者とコミュニケーションをしっかり行い、同意の範囲については、慎重に確認をすることが必要です。

イ　「漏らしてはならない」

　「漏らしてはならない」とは、漏らす行為が法的に禁止されることを意味しており、違反した場合、違法と評価されることになります。違法と評価された場合の効果は、法21条に規定されており、30万円以下の罰金の対象となります。

　「漏ら」すとは、公益通報者特定情報をまだ知らない他人に告知することと解され、作為の場合のほか、不作為の場合も含みます[36]。

　例えば、以下のケースでは、通報文書を片づけなかったという不作為により「漏ら」したと考えられます（通報文書を机の上に出したという作為による行為の時点では、故意がない場合も想定されます。）。

34）「正当な理由」の有無は実質的に判断されるものであるため、同意があるからといって必ず「正当な理由」が認められるとはいえないことに注意が必要です。
35）誤信の有無について争点となる場合もあり得ます。
36）解説改正公益通報者保護法263頁参照

> 従事者である Z は、内部公益通報をした者である X の氏名が明記された通報文書を机の上に出し、その後、他の人に見られるおそれがあることを認識しながら片づけずに席を離れ、他の職員が机の上を見て X が内部公益通報をしたことを知った。

4　従事者守秘義務に違反した場合の効果

　　従事者守秘義務に違反した場合には、従事者等について法 21 条により刑事罰の対象となるほか、会社及び従事者等について民事責任が生じる場合があります。

(1)　従事者等の刑事責任（法 21 条）

　　法 21 条は、「第十二条の規定に違反して同条に規定する事項を漏らした者は、三十万円以下の罰金に処する。」と規定し、従事者守秘義務に違反する場合を刑事罰の対象としています。

　　同条は故意犯であるため、過失に基づき漏洩した場合には、刑事責任を負いません（他方で、この場合も後述の民事責任が生じる場合があります）。故意の挙証責任は検察官が負うものであり[37]、この立証は必ずしも容易ではないことから、実際に刑事責任を負う場合は一定程度限定されると考えられます。そのため、刑事責任を負うことを過度に警戒して、調査に必要な情報共有を躊躇する必要はないといえます（情報共有を適切に行わず、適切に公益通報対応業務が実施されない場合には、事業者の公益通報対応業務の実施を求める体制整備等義務（指針本文第 4.1 (3)）に違反することになります。）

　　例えば、以下の事例の B は、客観的には、公益通報者特定情報を正当な理由なく C に漏らしていますが、公益通報者特定情報を漏らしたことについて故意がないことから、刑事責任は負わないといえます（他方で、過失による漏洩であるとして、損害賠償義務の対象となる場合はありますし、報道され

---

[37]　故意は構成要件に該当する事実であり、検察官に挙証責任があるため（裁判所職員総合研修所監修『刑事訴訟法講義案（四訂補訂版）』（2015 年、司法協会）271 頁参照）、検察官において法 12 条違反の故意を立証することが必要です。

事業者のレピュテーションが毀損されるリスクもあります）。

> A部に男性がX一人しかいない状況であったところ、従事者であるBは、仲の良い同僚Cに対し、「他言をするな」と告げつつ、A部の男性から内部公益通報があったと伝えた。Cは、A部に男性がX一人しかいないことを認識していたため、Xが通報者であることを知ったが、Bは、A部に男性がX一人だけしかいないことは認識していなかった。

　罰則を定める法21条には、刑法総則の共犯の規定が適用され得ることから、従事者等以外の者が共犯という形で法21条の刑事罰を負う場合も想定されます。

　例えば、従事者の上位者である役員が、従事者に対して、公益通報者特定情報を開示するよう要求し、従事者がこれに応じて公益通報者特定情報を正当な理由なく開示した場合には、従事者に法21条に基づき刑事罰が科され得るほか、上司である役員も刑法61条1項（教唆）に基づき、法21条に定める刑事罰が科され得ることになります。

(2)　従事者等の民事責任（民法709条）

　従事者等が法12条に違反した場合、それが過失による場合でも、公益通報者に対する不法行為（民法709条）を構成し、損害賠償義務を負う場合があります。この場合の損害賠償義務は精神的損害に対するものであることが一般的ですが、その後の不利益な取扱いとの因果関係が認められる場合には、当該不利益な取扱いにより被った損害についても賠償義務の対象となるといえます[38]。

(3)　事業者の民事責任（民法715条、415条）

　従事者が事業者の業務を遂行する過程において公益通報者特定情報を漏らした場合には、従事者を雇用する事業者は、民法715条1項（使用者責任）に基づき損害賠償義務を負います。

38）解説改正公益通報者保護法265頁参照

　これに対して、従事者等が私的場面において公益通報者特定情報を漏らした場合において、外形上も事業者の業務において漏らしたと評価できない場合には、事業者は民法715条1項（使用者責任）に基づく損害賠償義務を負わないといえます。他方で、従事者を教育する義務を怠っていたと評価できる場合（指針本文第4.3(1)イに反し、体制整備等義務の違反と評価できる場合）には、事業者自身の違法行為があるとして、事業者が民法709条（一般不法行為）に基づく損害賠償義務を負う場合があるといえます。

　また、従事者が公益通報者特定情報を漏らしてはならないことが内部規程に規定され、それが周知されることにより、事業者と労働者との間の契約内容となることから（労働契約法7条及び10条）、事業者は、内部公益通報者であることを漏らされた労働者に対し、民法415条1項（債務不履行）に基づき損害賠償義務を負う場合があるといえます。

⑤　従事者守秘義務違反となる事態を避けるために有用と考えられる事項

　法12条の要件である「正当な理由」は、実質判断が必要なものであり、確実にこれで大丈夫といえるものは示し難いところですが、「明らかに法違反」といえなければ、問題にはなりにくいといえます。そのため、法の内容をよく理解をして、明らかに法違反となる場合をまずは把握しておき、そのような事態を避けることが重要です（NGな行動集を作ることも有用でしょう）。

　また、一般論として、通報者に不満があるからトラブルに発展するものであり、通報者に不満を抱かせないということも重要です。このような観点からは、通報者に対して、お客様のように丁寧に対応することが考えられます。例えば、一見軽微と思われる通報内容についても、相手は本当に困っているのだなということを意識して話を聞く、自己の意見と異なる場合であっても、自分の意見を述べたりしない等です。このように、通報者に対して丁寧に対応することは、単に通報者とのトラブルを避けるというだけではなく、通報制度の評判・人気を高め、他の役職員からの情報提供を活発化させるという点でも有用な措置といえます。

　公益通報者特定情報の共有範囲についても、通報者に対して丁寧に説明をして、納得を得ることが望ましいといえます。

　恩義のある人物に誠実な対応をするのと同様に、会社の利益に資する貴重な情報を提供してくれた労働者等に対して誠実な対応をすることは当然のことであるといえます。他方で、濫用的な通報を行っているといえる者からの要求に応じる必要はなく、この場合には、毅然として対応することも必要になります[39]。

6　従事者守秘義務の活用方法

　従事者等に刑事罰付きの守秘義務が科された趣旨は、通報をしようとする者に、自分が通報したということが他の人に知られないという保障をすることによって、安心して内部公益通報をしてもらうためです。この趣旨からすれば、むしろ、「漏らした場合には罰則を負う立場の者が対応をする」ということを社内で強調し、通報制度の利用者に対して、「通報をしたことにより不利益を受けることはない」という安心感を抱いてもらうことが、本来は望ましいといえます。

　罰則を負うということを示すとなり手がいなくなる、不必要なクレームを生むという懸念の声もありますが、法12条の内容をよく教育した上で、法違反とならない対応に関する担当者の予見可能性を高めること、通報者の問題行動に対して毅然とした対応を行うためのマニュアルを部内限りで作成しておくこと、担当者の負担が重いことを踏まえて、人事政策上担当者の処遇を有利に取り扱う等の工夫（手当を付ける、昇進させる等）をすることも対策として考えられます。

39）濫用的な通報への対応については解説改正公益通報者保護法 257 頁参照

第3章　事業者等の義務以外の公益通報者保護法の内容について

　以上、事業者等の義務について解説をしましたが、事業者等の義務を理解するにあたっては、公益通報者保護法のその他の内容も理解することが必要ですので、以下、「公益通報」となる通報の範囲、不利益な取扱いからの保護規定について解説します。

第1　「公益通報」となる通報の範囲

1　「公益通報」となる通報を知る必要性

　事業者等の義務はいずれも、「公益通報」（法2条1項柱書）に適用されるものであり、その外延を把握するためには「公益通報」とは何かを把握している必要があります。

　通報には、様々なものがありますが、「公益通報」に該当する通報でなければ、この法律の多くの規定の適用がありません。従事者指定義務（法11条1項）及び体制整備等義務（法11条2項）、従事者守秘義務（法12条）は公益通報に適用されるものなので、公益通報に該当しない通報については義務が生じません。逆に、「公益通報」に該当する通報については、従事者指定義務・体制整備等義務や従事者守秘義務が生じる場合があり、対応しない場合には違法となります。組織内では多くの情報が行き交っているところ、あらゆる情報伝達に対して同じ扱いをすることは現実的ではないことから、「公益通報」が何かを把握することは、従事者指定義務・体制整備等義務や

従事者守秘義務を履行するために必要となります。

　中には、「うちの会社では『公益通報』よりも幅広い範囲の内容に対応しているから問題ない」、と思われる方もおられるかもしれません。しかし、「公益通報」は、罰則（刑罰、過料）の対象となり得る行為に限定されているという点では範囲が狭いのですが、上司への報告、是正を求めない情報提供等、様々な態様の情報伝達行為が含まれるという点では相当広い概念であるため、実際には「『公益通報』よりも幅広い範囲の内容に対応している」ことになっていない場合もありますので、注意する必要があります。

　例えば、上司への報告、これは公益通報にあたる場合もありますが、秘密保持の対象として措置されているでしょうか。また、取引先事業者の従業員からの通報、これも公益通報にあたる場合がありますが、窓口における受付の対象とされているでしょうか。また、是正を求めない情報提供も公益通報にあたる場合がありますが、窓口における調査の対象とされているでしょうか。おそらく対応されていない事業者の方も多いのではないかと思います。

　また、規程が公益通報に対応する形になっていても、実際の運用において公益通報に対応しない場合には、法違反となります。規程に記載されている内容がかなり抽象的な場合には（例えば、「法2条1項の「公益通報」となる通報について受け付ける」と規定する等）、運用において公益通報に対応しているかは、担当者の知見に委ねられることになりますので、そのような場合には特に、担当者において「公益通報」の範囲をよく理解しておく必要があります。

　なお、本書のメインテーマは事業者等の義務の解説であることから、②以下の説明はわかりやすさを重視し、概要にとどめています。詳細な解説については、『解説改正公益通報者保護法』（弘文堂、2021年）85～134頁（中野執筆部分）を参照いただけると幸いです。

②　「公益通報」の要件の整理

　第2条1項には、公益通報の定義が定められており、以下の全ての要件を満たす通報が、「公益通報」に該当します。
① 　法定の者による通報であること（労働者、法人の役員、1年以内の退職者）

② 通報者の役務提供先で起こった事実に関する通報であること

③ 不正の目的による通報ではないこと

④ 法定の内容の通報であること（対象法律の罰則の対象となり得る規定に違反する行為）

⑤ 現在性又は切迫性があること（通報対象事実が生じ又はまさに生じようとしている状態にあること）

⑥ 法定の通報先への通報であること（事業者内部、権限を有する行政機関、その他被害の発生・拡大を防止できる者）

⑦ 通報であること

　これら7つの要件は、通報時点において求められるものであり、通報をした後に要件を満たしたとしても公益通報にはあたりません[40]。

③ ①法定の者による通報であること

　まず、①法定の者による通報であること（労働者、役員、1年以内に退職等した者）が必要です[41]。「法定の者」について、改正前の法では、「労働者」に限定されていましたが、改正後の法では、法人の役員や退職者も加えられることになりました。

　「労働者」については、パートタイム労働者等のいわゆる非正規労働者も含むため、例えば、パートタイム労働者の内部公益通報を受け付けない場合、体制整備等義務違反となります。また、労働者に該当するか否かは実質的に判断されることから、契約の形式が業務委託契約の者からの通報であっても、労働者による通報と評価される場合はあります[42]。

　「法人の役員」の「法人」とは会社に限られず、一般社団法人、医療法人なども含みます。この法律で想定している「事業者」は会社に限らず、あらゆる法人を含むことから、このような帰結になります。

　「退職者」については、労働契約が終了した者をいいます。労働契約が終

40）解説改正公益通報者保護法86頁参照
41）解説改正公益通報者保護法88頁参照
42）解説改正公益通報者保護法90頁参照

了した者であることが必要なので、役員を退任した者は含みません。また、退職後1年以内に通報する必要があります。

④ ②通報者の役務提供先で生じた事実に関する通報であること

「公益通報」となるためには、②通報者の役務提供先の事業者で起こった事実に関する通報であることが必要です[43]。「役務提供先」とは、わかりやすく言うと、自分が労働力を提供している先の事業者です。

例えば、A株式会社に勤めている労働者が、A株式会社と取引のないB株式会社の職員が横領していることをたまたま知り、A株式会社に通報をしたとしても、その通報は公益通報にはあたりません。

役務提供先については、いわゆる1号事業者（役員の場合4号イ事業者）、2号事業者、3号事業者（役員の場合4号ロ事業者）に分類されます。

1号事業者とは、法2条1項1号に定める事業者であり、「当該労働者又は労働者であった者を自ら使用し、又は当該通報の日前一年以内に自ら使用していた事業者」です。例えば、通報者である労働者を直接雇用している事業者が典型です（役員の場合は4号イ事業者）。

2号事業者とは、法2条1項2号に定める事業者であり、「当該派遣労働者又は派遣労働者であった者に係る労働者派遣……の役務の提供を受け、又は当該通報の日前一年以内に受けていた事業者」です。派遣先事業者のことをいいます。

3号事業者とは、法2条1項3号に定める事業者であり、「前二号に定める事業者が他の事業者との請負契約その他の契約に基づいて事業を行い、又は行っていた場合において、当該事業に従事し、又は当該通報の日前一年以内に従事していた労働者若しくは労働者であった者又は派遣労働者若しくは派遣労働者であった者」にとっての、「当該他の事業者」です。雇用主の取引先の事業者とイメージしていただければよいです。例えば、Xの雇用主であるA社がB社と契約を締結し、その契約に基づく事業をA社が行っており、当該事業にXが従事していた場合の「B社」を指します（役員の場合

第3章

43）解説改正公益通報者保護法98頁参照

は4号ロ事業者）。

⑤　③不正の目的がない通報であること

　「公益通報」といえるためには、③不正の利益を得る目的、他人に損害を加える目的、その他の不正の目的がない通報であることが必要です[44]。

　「不正の利益を得る目的」とは、公序良俗に反する形で自己又は他人の利益を図る目的をいいます。

　「他人に損害を加える目的」とは、他の従業員その他の他人に対して、社会通念上通報のために必要かつ相当な限度内にとどまらない財産上の損害、信用の失墜その他の有形無形の損害を加える目的をいいます。

　「その他の不正の目的」とは、公序良俗に反する目的をいいます。

　不正の目的と認められるためのハードルは高く、単に金銭（報奨金等）を得る目的、被通報者に対する反感、交渉を有利に進めようとする目的等が併存していたからといって、不正の目的があるとはいえません。また、目的が不正であることの立証責任は事業者が負います。

　不正の目的の有無について争われ、不正の目的の立証を認めた裁判例もありますが、一般的には、認められるハードルは高いといえるため、安易に不正の目的の通報だと決めつけ、対応しない場合には、法違反につながるおそれがあるので、注意が必要です。

　誤解をおそれずにいうと、空気を上手く読む人は、違法な行為が行われていることを認識しても、和を乱さないように通報をしない場合もあり、逆に、良い意味で空気を読まない人だからこそ、通報ができるという状況もあります。そのような状況があることを踏まえると、通報者の態度やマナーから得られる印象で対応を決めるのではなく、あくまで「通報の内容自体」に着目して対応を決めることが適当であるといえます。

44）解説改正公益通報者保護法106頁参照

6　④法定の通報内容（通報対象事実）の通報であること

(1)　概要

　「公益通報」となるためには、④法定の通報内容（通報対象事実）の通報であることが必要です[45]。

　具体的には、公益通報者保護法において対象としている法律（以下「対象法律」）の、罰則（刑事罰、過料）の対象となり得る規定に違反する事実が、「通報対象事実」（法2条3項）として、法定の通報内容になります。

(2)　対象法律

　対象法律は法の別表及び政令（公益通報者保護法別表第八号の法律を定める政令。以下「**八号政令**」）で列挙されており、2022年2月現在、500本近くの法律が法の別表及び八号政令に列挙されています。例えば、特定商取引法、景品表示法といった消費者保護関連の法律だけではなく、独占禁止法等の経済法、労働基準法等の労働法、果ては刑法など様々な法律が列挙されています。

(3)　罰則の対象となり得る規定の違反

　この対象法律に定める何らかの規定に違反しているからといって、常に通報対象事実になるわけではありません。通報対象事実となるためには、違反した場合に罰則（刑事罰、過料[46]）の対象となる条項の違反である必要があります。例えば、会社法は八号政令に列挙されており、対象法律ではありますが、会社法の中には、罰則のない規定もあり、このような規定の違反を通報しても公益通報にはなりません。会社法12条では、支配人は、会社の許可を受けなければ、自ら営業を行ってはならない旨を規定していますが、この条項の違反には罰則がないため、支配人が許可を得ずに副業をしていると通報をしたとしても、公益通報にはなりません。

---

45) 解説改正公益通報者保護法108頁、122頁参照
46) 改正法施行前は刑事罰の対象となる条項の違反行為だけが対象でしたが、改正法施行後は過料の対象となる条項の違反行為も含まれることになります。

また、直接罰則の対象となる条項だけではなく、その条項の違反について命令等の対象となっており、その命令違反が罰則の対象となるような、間接的に罰則の対象となる条項の違反行為も通報対象事実となります。例えば、商品の品質を実際よりも優れていると偽って宣伝すること（景品表示法5条1号。優良誤認表示）は、直接には刑事罰の対象とされていませんが、違反した場合には措置命令の対象となり（同法7条1項）、その命令の違反について刑事罰の対象となることから（同法36条1項）、通報対象事実となります。

7　⑤現在性又は切迫性があること

「公益通報」となるためには、⑤通報の内容である通報対象事実が現に生じているか、生じていないとしても、まさに生じようとしている状態にあることが必要です[47]。

現在進行形で行われている必要はなく、過去に行われたものの、現在は行われていない事実も含みます。どれくらい過去でもよいかというと、公訴時効が経過した事実でもよいとされており、相当過去の事実も含みます。

例えば、以下のようなケースでも、公益通報となり得ます。

1990年にAの部下であったXは、Aが取引先からリベートを貰っていることを認識していた。このことを長年黙っていたが、2022年、Aが役員に就任したため、このような人物が役員に就任するのは適当ではないと考え、32年前のAの非違行為を内部公益通報受付窓口に通報した。

8　⑥法定の通報先への通報であること

どこに通報しても公益通報となるわけではなく、「公益通報」となるためには、⑥法定の通報先に通報することが必要です[48]。

法定の通報先は大きく分けて3つあります。

一つ目は、事業者自身であり、一般的に**1号通報先**といいます（1号通報先への公益通報は**1号通報、内部公益通報**といいます）。正確には、「当該役務

47）解説改正公益通報者保護法 110 頁参照
48）解説改正公益通報者保護法 111 頁参照

提供先若しくは当該役務提供先があらかじめ定めた者」です。事業者への通報とはいっても、実際の通報の受け手は自然人、すなわち、事業者の役員や労働者等であり、上司、通報窓口の担当者等の多様な者が想定されます。このうち、事業者内の誰に通報すれば１号通報になるのかが議論の対象になります。法２条１項柱書の文言においては、事業者内の誰に言えばよいかという限定がされていないため、事業者内のどの社員に通報しても良い（例えば、部下の新入社員に通報することも公益通報に当たり得る）との見方もあり得ますが、２号通報先や３号通報先が一定の是正能力を有する者に限定されていることとの整合性から、法令遵守のために一定の権限のある者に限られるとする見解もあります。

　二つ目は、権限を有する行政機関であり、一般的に**２号通報先**といいます（２号通報先への公益通報は**２号通報**といいます）。正確には、「当該通報対象事実について処分（命令、取消しその他公権力の行使に当たる行為をいう。以下同じ。）若しくは勧告等（勧告その他処分に当たらない行為をいう。以下同じ。）をする権限を有する行政機関若しくは当該行政機関があらかじめ定めた者」です。この「権限」は必ずしも強制力のある権限である必要はなく、行政指導といった任意の履行を求める権限も「権限」に含みます。

　三つめは、その他被害の発生又は拡大の防止に必要と認められる者であり、一般的に**３号通報先**といいます（３号通報先への公益通報は**３号通報**といいます）。正確には、「その者に対し当該通報対象事実を通報することがその発生若しくはこれによる被害の拡大を防止するために必要であると認められる者（当該通報対象事実により被害を受け又は受けるおそれがある者を含み、当該役務提供先の競争上の地位その他正当な利益を害するおそれがある者を除く。次条第三号及び第六条第三号において同じ。）」です。典型例としては、報道機関、労働組合、消費者団体等が挙げられますが、これらに限られるものではなく、実質的に判断されることになります。SNSでの情報発信も場合によっては３号通報先への公益通報となる場合もあります[49]。

49）解説改正公益通報者保護法117頁参照

⑨　⑦通報であること

　「公益通報」といえるためには、⑦通報であることが必要です[50]。

　通報とは、具体的な事実を摘示して一定の事実を他人に伝えることを意味します。是正を求める意思があることは必要としないため、通報者が是正を求めていなかったとしても、通報に当たります。また、名称を問わず、実質的に一定の事実を他人に伝える行為であれば、通報に当たるため、相談、申告、報告等、「通報」という名称を使っていなくとも通報に当たり得ます。匿名であっても、通報に当たります。

　例えば、以下の行為についても、「通報」に当たります（その他の「公益通報」の要件①〜⑥を満たすかは別途検討する必要があります）。

> Xは、同僚のAが顧客名簿をA所有のUSBメモリにコピーしている場面を現認したため、口頭で、Aの上司に対し、「Aが顧客名簿を自分の記録媒体に移しているのを見たのですが。」と伝えたが、この際、特に調査をするよう求めなかった。

> Xは、同僚のAが顧客名簿をA所有のUSBメモリにコピーしている場面を現認したため、Aの当該行為を記載したメモをAの上司の机の上に匿名で置いておいた。

> Xは、Z部の部長Aが、Aの部下Bを殴っているのを見たことから、同僚との酒席において話題を提供する趣旨で、「Z部で部長が部下を殴っているのを見たけど、Z部では働きたくないよね」等と話した[51]。

　他方で、例えば、資料の収集行為等は、情報を伝える行為ではないことから、「通報」にはあたりません。もっとも、公益通報者保護法を適用して、

---

50)　解説改正公益通報者保護法 119 頁参照
51)　この場合の同僚が1号通報先又は3号通報先としての要件は満たさない場合には、Aの同僚に対する発言は「通報」にはあたるものの、「公益通報」にはあたらないことになります。

資料の収集行為を理由とする不利益な取扱いから保護した裁判例もあり（神戸司法書士事務所事件（大阪高判平成 21 年 10 月 16 日会報（日本司法書士連合会）108 号 301 頁（別冊）），今後も資料の収集行為を理由とする不利益な取扱いが公益通報者保護法により保護される場合はあり得るといえます[52]。

第2　不利益な取扱いからの保護規定について

1　不利益な取扱いからの保護規定について知る必要性

　法 11 条 2 項に基づく体制整備等義務は，その内容として，公益通報を理由とする不利益な取扱いからの保護措置等を求めています（指針本文第 4.2 ⑴）。そして，この保護措置等は，単に内部規程に定めるだけでは足りず，規程に定めるとおりに運用しなければなりません（指針本文第 4.3 ⑷）。例えば，規程において，「法 3 条各号の要件を満たす労働者による公益通報を理由とする不利益な取扱いを受けた者を救済し，不利益な取扱いを行った者に対して懲戒処分その他の措置をとる」旨の規定を定めて周知をした場合であっても，実際に法 3 条各号の要件を満たす不利益な取扱いが発生したにもかかわらず，何も措置を講じなければ，体制整備等義務に違反します。そのため，どのような内容の不利益な取扱いが法により禁止されるのかを，適切に理解しておく必要があります。

　指針では，内部公益通報を理由とする不利益な取扱いだけではなく，外部公益通報（行政機関や報道機関等への公益通報）を理由とする不利益な取扱いについても防止措置等をとることを求めています[53]。そのため，外部公益通報を理由とする不利益な取扱いがどのような場合に違法となるのかについ

---

[52]　公益通報者保護法ではなく一般法理により保護されている例もみられます（解説改正公益通報者保護法 142 頁脚注 25・26，357 頁参照）。

[53]　指針本文「第 2　用語の解説」では，「公益通報」の定義について，「法第 2 条第 1 項に定める「公益通報」をいい，処分等の権限を有する行政機関やその他外部への通報が公益通報となる場合も含む。」とした上で，「不利益な取扱い」の定義について，「公益通報をしたことを理由として当該公益通報者に対して行う解雇その他不利益な取扱いをいう。」としており，内部公益通報以外の公益通報を理由とする不利益な取扱いについても防止措置を要求しています。

第
1
編

ても、適切に理解をしておく必要があります。

　なお、本書のメインテーマは事業者等の義務の解説であることから、②以下の説明はわかりやすさを重視し、概要にとどめています。詳細な解説については、『解説改正公益通報者保護法』135〜200頁（中野執筆部分）を参照いただけると幸いです。

② 不利益な取扱いからの保護が必要な理由

　法は、公益通報者の保護を目的に掲げ（法1条）、法3条以下に民事上の規制として不利益な取扱い禁止規定を置き、法11条2項では、公益通報者を保護する措置として、不利益な取扱いからの保護措置を求めています。

　このように、法は、公益通報者を不利益な取扱いから保護する態度を示していますが、この理由は、公益通報者の人権保障を図るためだけではなく、法令遵守を図るためでもあります。

　公益通報は、形式的には労働契約上の誠実義務や就業規則上の義務（事業者の信用を毀損してはならない、企業秩序を乱してはならない等）に違反する場合があり、懲戒処分等の理由とされる場合があります。また、このような義務に違反しないとしても、敵対的な態度を示したことに対する報復として、嫌がらせを受けるおそれがあります。

　人はメリットとデメリットを比較検討して行動することが通常ですので、公益通報に伴うメリットがない状況において、公益通報に伴い不利益な取扱いを受けるというデメリットがあるのであれば、公益通報をしてもらうことは期待し難いといえます。公益通報は、労働者・役員・退職者による任意、善意の行為であり、公益通報するか否かはこれらの者の意思、気分に委ねられていますが、公益通報をしたことを理由に不利益な取扱いを受ける懸念があれば、公益通報をしようという気にならないのが通常といえます。

　公益通報は、法令遵守に至る道筋の出発点であり、公益通報がされなければ、調査や是正措置を行うこともできず、法令の遵守という法の究極の目的が達成できません。そのため、法は、公益通報者を保護するための規定を設け、公益通報をしようとする人に安心感を与え、公益通報を促そうとしています。

③　不利益な取扱いからの保護に関する規定の整理

　法3条以下の不利益な取扱いからの保護に関する規定は、以下のとおりです[54]。

労働者の保護に関するもの	解雇の無効（法3条）
	不利益な取扱いの禁止（法5条1項）
	損害賠償の制限（法7条）
労働者のうち、派遣労働者の保護に関するもの	労働者派遣契約の解除の無効（法4条）
	不利益な取扱いの禁止（法5条2項）
	損害賠償の制限（法7条）
退職者の保護に関するもの	不利益な取扱いの禁止（法5条1項）
	損害賠償の制限（法7条）
役員の保護に関するもの	不利益な取扱いの禁止（法5条3項）
	解任に対する損害賠償請求（法6条）
	損害賠償の制限（法7条）
その他の規定	解釈規定（法8条）
	一般職の国家公務員等に対する取扱い（法9条）
	他人の正当な利益等の尊重（法10条）

④　不利益な取扱いからの保護に関する規定に共通する構造

　法3条から法7条は、いずれも①通報先に応じた一定の要件を満たした場合に、②事業者による、③公益通報者に対する、④公益通報を理由とした、⑤不利益から保護するという構造になっています。この共通の構造をまず理解した上で、細かい点について知ることが理解の近道であるといえます。

54）厳密には、法6条で保護の対象となる役員に対する解任は「不利益な取扱い」とは位置付けられていませんが、不利益から保護する規定の一つではあるため、ここで紹介しています。

(1)　①通報先に応じた一定の要件を満たした場合であること

ア　概要

　　上記のとおり、公益通報は、形式的には労働契約上の誠実義務違反、就業規則上の義務違反、委任契約における善管注意義務違反等に該当する場合があることから、公益通報をした者が保護されるためには、単に「公益通報を理由とする不利益な取扱いである」というだけでは足りず、さらに一定の要件を満たす必要があります。この要件は、保護の対象となる者が誰であるか（労働者・退職者の要件は同じです）、また、3つの通報先のうちどこに通報したか（内部公益通報（1号通報）、2号通報、3号通報のいずれであるか）によって異なります。

　　図で整理すると以下のとおりです。

＜保護のための要件の整理＞

	内部公益通報 （1号通報）	2号通報	3号通報
労働者・退職者による公益通報の場合	思料で足りる	真実相当性がある場合 又は 法定事項を記載した書面による公益通報の場合	真実相当性がある場合 かつ 特定事由のいずれかが存在する場合
役員による公益通報の場合	思料で足りる	真実相当性がある場合 かつ 調査是正措置をとることに努めた場合	真実相当性がある場合 かつ 調査是正措置をとることに努めた場合 かつ 特定事由のいずれかが存在する場合
		真実相当性がある場合 かつ	真実相当性がある場合 かつ

		個人の生命身体財産への危険がある場合	個人の生命身体財産への危険がある場合

イ　労働者・退職者の場合

　労働者又は退職者は、法律上の善管注意義務を負うわけではないため、公益通報をしたことを理由とする不利益な取扱いから保護されるための要件は、役員よりは緩やかに設定されています。

㋐　内部公益通報の場合

　事業者自身への通報、すなわち、内部公益通報（1号通報）の場合には、事業者に与えるダメージが大きくはないとされていることから、通報対象事実が存在すると「思料」しているだけで保護されます。すなわち、通報対象事実が存在すると信じていれば足り、信じたことについて特段の根拠は求められていません。例えば、「上司が取引先の担当者とよく飲みに行っているのでリベートを受け取っているのではないかと思った」というレベルでも足ります。

㋑　2号通報の場合

　これに対して、権限を有する行政機関への公益通報、すなわち、2号通報の場合には、事業者の不利益となり得る情報を外部に伝える行為であり、内部公益通報と比べて事業者に与えるダメージが大きいとされていることから、1号通報よりも厳しい要件が求められています。具体的には、①通報対象事実が存在すると信じたことについて相当の理由がある場合（真実相当性がある場合）であるか、②法定の事項を記載した書面を提出して公益通報をした場合[55]であることが必要とされています（①か②のいずれかの要件を満たせば保護されます）。

　真実相当性（①）については、一般的には、通常の人であればそう信

---

55) 改正法によりこの場合も保護されることになりました。

じるといえるような証拠が求められます。他方で、公益通報者が直に体験したような事実については、供述内容が具体的であれば、必ずしも裏付け証拠は求められないといえます。

　法定の事項を記載した書面（②）とは、以下の事項を記載した書面を指します。

　　イ　公益通報者の氏名又は名称及び住所又は居所

　　ロ　当該通報対象事実の内容

　　ハ　当該通報対象事実が生じ、又はまさに生じようとしていると思料する理由

　　ニ　当該通報対象事実について法令に基づく措置その他適当な措置がとられるべきと思料する理由

㈦　3号通報の場合

　3号通報先に通報したことを理由とする不利益な取扱いから保護されるためには、①真実相当性が必要であるほか、これに加えて、②法3条3号各号に列記する事由（特定事由）のいずれかに該当すること（以下「特定事由該当性」）が必要とされています（①と②のいずれの要件も満たす必要があります）。

　この特定事由については、以下のものがあります。

A）不利益な取扱いを受ける危険がある場合（法3条3号イ）

B）証拠隠滅の危険がある場合（法3条3号ロ）

C）公益通報者特定情報が漏洩する危険がある場合（法3条3号ハ）

D）通報妨害がある場合（法3条3号ニ）

E）調査是正措置の懈怠がある場合（法3条3号ホ）

F）生命身体への危害がある場合（法3条3号ヘ）

G）財産に対する一定の重大な損害の危険がある場合（法3条3号ヘ）

　A、B、D、E、Fは、改正前から存在した特定事由ですが、C及びGについては、今回の法改正により新たに設けられた特定事由です。

ウ　役員の場合

　役員については、法律上の善管注意義務を負うことから、事業者外部への公益通報（2号通報、3号通報）をしたことを理由とする不利益な取扱いから保護されるための要件は、労働者及び退職者よりも厳しく設定されています。

㋐　内部公益通報（1号通報）の場合

　1号通報先への公益通報、すなわち、内部公益通報の場合には、労働者・退職者の場合と同様に、通報対象事実が存在すると「思料」するだけで足ります。

㋑　2号通報の場合

　これに対して、2号通報先への公益通報、すなわち、2号通報の場合には、労働者・退職者と異なり、真実相当性が必須の要件となります。法定の事項を記載した書面により公益通報をしても真実相当性がなければ保護されません。

　さらに、労働者・退職者と異なり、原則として[56]、調査是正措置をとるよう努めたことも求められます。調査是正措置とは、善良な管理者と同一の注意をもって行う、通報対象事実の調査及びその是正のために必要な措置をいいます[57]。

㋒　3号通報の場合

　3号通報先に公益通報した場合に、真実相当性及び特定事由該当性が求められることは、労働者・退職者の場合と同様です。しかし、労働者・退職者の場合と異なり、役員の特定事由には、公益通報者特定情報が漏洩する危険がある場合、調査是正措置の懈怠がある場合は含まれて

56）個人の生命・身体・財産に対する損害が発生し、又は発生する急迫した危険があると信ずるに足りる相当な理由がある場合は、調査是正措置をとるよう努めることは不要です（法6条2号ロ参照）。
57）解説改正公益通報者保護法 185 頁参照

いません（この分、労働者・退職者の場合よりも保護される範囲が狭いといえます）。さらに、労働者・退職者と異なり、原則として、調査是正措置をとるよう努めたことも求められます。

(2) ②事業者による不利益な取扱いであること

　法3条から7条の規定により保護されるためには、不利益な取扱いが特定の事業者によるものであることが必要です。

　損害賠償の制限（法7条）については、雇用主の取引先事業者（3号事業者及び4号ロ事業者）についても不利益を行う主体として定められていますが、それ以外の不利益な取扱いからの保護規定（法3条から6条）においては、当該取引先事業者は不利益を行う主体として定められていません[58]。すなわち、労働者や役員が、取引先事業者から損害賠償請求以外の不利益な取扱いを受けたとしても、この法律では保護されないことになります（1号事業者から4号事業者が何を指すのかは第1 ④（39頁以下）参照）。

　表にして整理すると以下のとおりです。

	保護の内容	不利益を与える主体
労働者の保護に関するもの	解雇の無効（法3条）	1号事業者
	不利益な取扱いの禁止（法5条1項）	1号事業者
	損害賠償の制限（法7条）	1号事業者、3号事業者
労働者のうち、派遣労働者の保護に関するもの	労働者派遣契約の解除の無効（法4条）	2号事業者
	不利益な取扱いの禁止（法5条2項）	2号事業者
	損害賠償の制限（法7条）	2号事業者、3号事業者
退職者の保護に関するもの	不利益な取扱いの禁止（法5条1項）	1号事業者

---

58) 厳密には、派遣先は派遣元の取引先事業者といえますが、ここでは取引先事業者とは3号事業者、4号ロ事業者のことを指しています。

役員の保護に関するもの	損害賠償の制限（法7条）	1号事業者、2号事業者、3号事業者
	不利益な取扱いの禁止（法5条3項）	4号イ事業者
	解任に対する損害賠償請求（法6条）	4号イ事業者
	損害賠償の制限（法7条）	4号イ事業者、4号ロ事業者

第3章

(3)　③保護される者が公益通報者であること

　保護される者は公益通報者、すなわち、公益通報をした者である必要があり、その者の通報が「公益通報」の要件（第1（36頁以下）参照）を満たすことが前提として必要になります。このことは、3条～7条で異なりません。

　例えば、社内規程違反の通報をした者に対する不利益な取扱いは、その社内規程違反が同時に対象法律の罰則の対象となり得る規定に違反することで通報対象事実を構成しない限りは、法3条以下の規定による保護の対象外ということになります。

(4)　④不利益な取扱いが公益通報をしたことを理由としていること

　不利益な取扱いから保護されるためには、不利益な取扱いが公益通報をしたことを理由としていることが必要であり、不利益な取扱いが公益通報をしたこと以外の事情を理由としている場合には保護されません。この点も3条～7条で異ならないところです。

　例えば、以下の事例の場合には、Xは公益通報者保護法では保護されないといえます。

> Y社は労働者Xが公益通報をした後、間もなく、Xを降格したが、降格の理由は、Xが部下に対してセクハラを行っていたからであり、公益通報をしたこととは無関係であった。

　他方で、法律論としてはそうであっても、不利益な取扱いを禁止した趣旨は、「公益通報をしても不利益を受けることはない」という労働者等の安心

感を醸成し、公益通報を促すためであり、「公益通報を理由に不利益な取扱いを行ったのではないか？」と誤解を生じさせるような態様で不利益な取扱いを行うことは、法の趣旨からすれば望ましいとはいえません。そのため、こうした公益通報後に不利益な取扱いを行う場合には、公益通報を理由としているわけではないということを通報者によく理解させることが重要です。また、公益通報をしたことが公に知られている事案の場合には、プライバシーにも配慮しつつ、処分理由、経過等についても可能な範囲で明らかにすることが望ましい場合もあるといえます。

　不利益な取扱いが公益通報をしたことを理由としている事実については、公益通報者の側で立証する必要があります。この立証にあたっては、通報と不利益な取扱いとの時間的接着性、不利益な取扱いを行った者の態度、不利益な取扱いの必要性、不利益な取扱いの検討経緯などの様々な関連する事情を立証していくことが必要になりますが、どの程度の事情を立証すれば足りるのかについては複数の見解があるところです[59]。

(5)　⑤保護の対象者・保護の内容

　不利益な取扱いからの保護の対象者、保護の内容等は、3条〜7条で異なり、以下のとおりです。

保護の対象者	保護の内容	具体的な効果
労働者の保護に関するもの	解雇の無効（法3条）	解雇が無効となる ⇒地位確認、未払い賃金請求等
	不利益な取扱いの禁止（法5条1項）	不利益な取扱いが違法になる ⇒不法行為等に基づく損害賠償請求の対象となる ⇒法律行為については無効となる
	損害賠償の制限（法7条）	損害賠償義務を負わない
労働者のうち、派遣労働	労働者派遣契約の解除の無効（法4条）	労働者派遣契約の解除が無効となる ⇒派遣先等に対する損害賠償請求

59）解説改正公益通報者保護法136頁参照

者の保護に関するもの	不利益な取扱いの禁止（法5条2項）	不利益な取扱いが違法になる⇒不法行為等に基づく損害賠償請求の対象となる⇒法律行為については無効となる
	損害賠償の制限（法7条）	損害賠償義務を負わない
退職者の保護に関するもの	不利益な取扱いの禁止（法5条1項）	不利益な取扱いが違法になる⇒不法行為等に基づく損害賠償請求の対象となる⇒法律行為については無効となる
	損害賠償の制限（法7条）	損害賠償義務を負わない
役員の保護に関するもの	不利益な取扱いの禁止（法5条3項）	不利益な取扱いが違法になる（解任は不利益な取扱いにはあたらず違法とはならない）⇒不法行為等に基づく損害賠償請求の対象となる⇒法律行為については無効となる
	解任に対する損害賠償請求（法6条）	事業者に対して解任によって生じた損害の賠償を請求することができる
	損害賠償の制限（法7条）	損害賠償義務を負わない

　まず、法3条の効果として、労働者に対する解雇が無効になります。解雇が無効となった場合、労働契約が存続することになり、労働者としての地位を主張できるほか、解雇から復職時までの未払い賃金を請求することができます[60]。

　例えば、以下の例では、細かい点は措くとして、XにはY社との間で労働者としての地位が認められるとともに、Y社に対して720万円（30万円の2年分）の請求が認められます。

> 　Y社の社長が会社の資金を私用のために使っていたため、部下であるX（月給30万円）はそれを違法であるので止めるよう社長に伝えたが、

60）解説改正公益通報者保護法139頁参照

> 社長はそれを快く思わず、Xの行為を理由に、Xを2018年7月31日付で解雇した。その後、Xは解雇を訴訟で争い、裁判所に解雇が無効と判断され2020年7月31日に復職した。

　法4条の効果として、派遣先による派遣元に対する労働者派遣契約の解除が無効となります。これに伴い、派遣労働者は、派遣元や派遣先に対して、派遣労働をした場合に得られた賃金相当額の損害を請求することができると考えられます[61]。

　法4条は、例えば、以下のような場面での適用が想定されます。

> 派遣会社Aに雇用されているXはYに派遣され就業していたが、Yの違法行為を行政機関に通報したところ、YはXの派遣元であるAとの派遣労働契約を解除した。

　法5条1項の効果として、労働者及び退職者に対する公益通報をしたことを理由とする不利益な取扱いが違法となります。この「不利益な取扱い」は、降格、懲戒処分、配転といった明確な処分の形をとっている必要はなく、仕事の担当を外す等の事実上の措置も含まれます。また、当該行為自体がパワーハラスメントに該当する程度のものである必要はなく、適法行為であっても、不利益を与えるものであれば、公益通報を理由としているという事情があることにより、違法となります[62]。

　例えば、以下のような例では、細かい点は措くとして、Bの行為が違法であるとして、XにはYに対して損害賠償請求が認められる場合があります。

> Y社に勤務するXは、同僚であるAが違法行為をしている旨を内部通報窓口に通報したところ、Xの上司であるBは、自分に先に報告せずに通報窓口に通報した行為について、協調性のない行為と評価し、Xをそれまで行っていた仕事の担当から外し、別の仕事を担当させた。

61）解説改正公益通報者保護法163頁参照
62）解説改正公益通報者保護法166頁参照

　法5条2項では、派遣先による派遣労働者の交代要請等の、派遣労働者に対する不利益な取扱いを違法としています。

　法5条3項では、役員に対する報酬の減額等の不利益な取扱いを違法としています。解任については、「不利益な取扱い」に含まれないことから、解任に伴い生じた損害について本項を根拠として損害賠償請求をすることはできません。

　法6条では、役員が公益通報を理由に解任された場合に、損害賠償請求ができるとしています（解任は法5条3項の不利益な取扱いには該当しません）。

　法7条では、労働者・退職者・役員が、事業者に対して公益通報を理由として損害賠償義務を負わないとしています。

　なお、法律上の効果ではなく、運用上の措置ではありますが、消費者庁では、公益通報者保護法が適用された裁判例について、判決の名宛人である事業者名も含めて公表する方針を示しています[63]。すなわち、事業者が法3条〜7条が適用されることにより敗訴した場合、当該紛争の内容について、事業者名も含めて公表される可能性があります。仮にそのような公表がされれば、内部公益通報を軽視する組織であることが明らかになり、レピュテーションが毀損されるといえますので、こうした観点からも、組織内における不利益な取扱いを防止していく必要があります。

5　その他の不利益な取扱いからの保護に関連する規定（法8条〜10条）

　法8条から法10条までの規定も簡単に紹介します。

　法8条は、法3条から7条の要件を満たさず、この法律により不利益な取扱いから保護されない場合であっても、他の法律（労働契約法16条、労働基準法104条2項、会社法339条2項等が想定されています）で保護される場合があることを示した規定です[64]。すなわち、この法律の要件に該当しない場合でも、保護される可能性はあるため、通報を理由として不利益な取扱いを

63）第201回国会衆議院消費者問題に関する特別委員会第5号 2020年5月19日：穴見陽一議員の質問に対する藤原政務官の答弁参照
64）解説改正公益通報者保護法192頁参照

行う場合は、その適法性について慎重に検討する必要があります。

　法9条は、一般職の国家公務員・地方公務員等、特定の公務員については、この法律が直接適用されないものの[65]、この法律の要件を満たす場合には、地方公務員法、国家公務員法の適用により保護されることを示した規定です[66]。すなわち、適用法条は異なるものの、実質的にこの法律により一般職の公務員等も保護されることが明らかにされています。

　法10条は、公益通報を行うにあたって、他人の正当な利益を害さないよう公益通報者に対して努力義務を課す規定です[67]。法3条〜7条の要件として、他人の正当な利益を害さないことが求められているわけではないことから、仮に公益通報により他人の正当な利益を害したとしても、法3条〜7条により保護されます。他方で、正当な利益を害された他人は、公益通報者に対して損害賠償請求をすることができる場合があります。

第3　その他の13条以下の規定

　事業者のとるべき措置等に関して、11条・12条、これに関連して、15条・16条、21条・22条について解説しましたが、13条以下のその他の規定についても、参考情報として、簡単に紹介します。

＜その他の事業者のとるべき措置等に関する規定＞
- 13条　行政機関のとるべき措置
- 14条　教示
- 17条　照会
- 18条　情報提供
- 19条　委任規定
- 20条　適用除外

---

[65] 特別職の公務員については公益通報者保護法が直接適用されることにより保護されます（解説改正公益通報者保護法198頁参照）
[66] 解説改正公益通報者保護法196頁参照
[67] 解説改正公益通報者保護法199頁参照

　法13条は、権限を有する行政機関について、公益通報（2号通報）に対する調査及び措置義務（1項）、外部公益通報対応体制整備義務（2項）を定めています[68]。これらの規定は、権限を有する行政機関への公益通報（2号通報）を容易にし、法令遵守を促すものです。これらの規定により、権限を有する行政機関への公益通報（2号通報）が容易になることが予想されるため、事業者としては、権限を有する行政機関へ公益通報されることを避けるために、内部公益通報対応体制の魅力を高めて、内部公益通報へ誘導する必要性が高まるといえます。

　法14条は、権限を有しない行政機関に誤って通報された場合に、通報を受けた行政機関において、権限を有する行政機関を通報者に教示する義務を課す規定です[69]。こうした教示を通じて、適切な通報先に対して公益通報することを促し、法令遵守を実現することが期待されています。

　法17条は、内閣総理大臣に対して、公益通報者保護法の規定に基づく事務に関し、関係行政機関に対し、照会し、又は協力を求めることができる権限を付与する規定です[70]。当該権限は、法19条により消費者庁長官に委任されており、消費者庁長官には、関係行政機関と協力をすることにより、報告徴収、助言指導、勧告、公表等の権限を行使していくことが期待されています。一般に、業所管省庁は、所管する事業者に対して行政処分等を行う権限を有するなど、消費者庁と比べて事業者に対して有する影響力が大きいところ、消費者庁長官による調査に事業者が合理的な理由なく従わない場合には、消費者庁長官が業所管省庁に情報を連携した上、業所管省庁と協力して調査が行われることも想定されます。消費者庁長官による調査には、こうした点も踏まえて誠実に対応する必要があります。

　法18条は、内閣総理大臣は、公益通報及び公益通報者の状況に関する情報等の収集、整理及び提供に努めなければならないとする規定です[71]。現実には、消費者庁において、優良な取組事例、失敗事例を集め、これらを整理して

68）解説改正公益通報者保護法266頁参照
69）解説改正公益通報者保護法273頁参照
70）解説改正公益通報者保護法280頁参照
71）解説改正公益通報者保護法281頁参照

国民に公表することが期待されています。なお、この規定に基づいてというこ
とではありませんが、政府は、公益通報者保護法が適用された裁判例を公表す
ることを検討すると表明しており、仮に裁判で敗訴し、確定した場合には、そ
の情報が事業者名を含めて消費者庁により公表されるおそれがあります。この
こと自体が事業者のレピュテーションの低下につながるおそれもあることか
ら、法で保護の対象となる公益通報を理由とする不利益な取扱いについては、
可及的に防止していく必要があります。

　法19条の委任規定は、事業者による助言・指導、勧告、公表といった行政
措置を行使する権限等を内閣総理大臣から消費者庁長官に委任する旨の規定です
[72]。法で内閣総理大臣の権限とされているもののうち、ほとんどが消費者庁長
官に委任されますが、指針の策定・公表・変更等の権限については、その重要
性に鑑み、委任の範囲から除外されています[73]。

　法20条の除外規定は、国や地方公共団体を行政措置の対象から除外する規
定です[74]。この規定によれば、国や地方公共団体が従事者指定義務・体制整
備等義務に違反した場合でも、助言指導、勧告、公表の対象とはなりません。
他方で、違法であるものを適法にするという性質のものではありませんので、
違法行為を行った担当者に対して懲戒処分等の適切な措置がされることが予定
されています。

72）解説改正公益通報者保護法282頁参照
73）公益通報者保護法第十九条の規定により消費者庁長官に委任されない権限を定める政令
　　（令和四年政令第九号）では、法11条4項から7項の規定について、消費者庁長官に委任さ
　　れない権限とされています。
74）解説改正公益通報者保護法283頁参照

第2編

公益通報者保護法に基づく
指針の解説

第2編

第1章　概説

第1　指針の位置づけ

　従事者指定義務、体制整備等義務を定める法11条1項及び2項の規定内容
は、必ずしも明確ではなく、どのような者をどのような形で従事者として定め
れば良いのか、また、どのような体制、運用を行えば良いのかが、条文を読ん
だだけではわかりません。そのため、これら義務の大要については、内閣総理
大臣が定める「指針」において明らかにすることとされました（法11条4項）。

　指針は、あくまで義務の「大要」を示すものであって、義務を履行するため
に事業者が具体的にどのような措置をとれば良いのかを明らかにするものでは
ありません。指針の解説2頁（本書186頁）では、「事業者がとるべき措置の具
体的な内容は、事業者の規模、組織形態、業態、法令違反行為が発生する可能
性の程度、ステークホルダーの多寡、労働者等及び役員や退職者の内部公益通
報対応体制の活用状況、その時々における社会背景等によって異なり得る。」
とした上で、「事業者がとるべき措置の個別具体的な内容については、各事業
者において、指針に沿った対応をとるためにいかなる取組等が必要であるか
を、上記のような諸要素を踏まえて主体的に検討を行った上で、内部公益通報
対応体制を整備・運用することが必要」とされており、事業者のとるべき措置
の具体的内容は個別事情により異なり得るとして、各事業者が主体的に検討す
ることが求められています[1]。

　指針の各項目には、それぞれ趣旨があり、その趣旨を実現するために指針の

具体的な文言が定められたという関係にあります。また、法令の解釈は一般的には社会通念を基準に判断されます。そのため、通常の人の視点（社会通念）から見た場合に、その措置をとれば、指針の各項目の趣旨が実現できるといえるのであれば、指針に沿った適切な措置をとったと評価できるといえます。

第2　指針の解説の位置づけ

　上記のとおり、従事者指定義務及び体制整備等義務の大要は指針において明らかにされましたが、「大要」という言葉が示すとおり、あくまで抽象的な定めにとどまり、指針の文言を読んだだけでは、必ずしも各事業者においてどのような制度を構築すればよいのかがわからない場合もあります。

　そのため、事業者が指針に沿って具体的な制度を構築し、運用するにあたり、参考となるよう、指針の趣旨、具体的な取組事項等を明らかにするものとして、指針の解説が2021年10月13日に公表されました。

　指針の解説では、事業者が指針に沿った対応をとるにあたり参考となる考え方や、想定される具体的取組事項等が示されています。他方で、前述のとおり、指針に沿った具体的措置の内容は、個別事情によって異なることから、指針の解説に記載された例を形式的に踏襲していれば、常に従事者指定義務・体制整備等義務を履行したことになるわけではないということにも留意する必要があります。

　指針の解説には、指針に沿った対応を行う上で想定される取組事項だけではなく、推奨される取組事項（望ましい事項）についても示されています。これは、従来「民間事業者向けガイドライン」[2] において示されていた内容と重複

1）「『公益通報者保護法第11条第1項及び第2項の規定に基づき事業者がとるべき措置に関して、その適切かつ有効な実施を図るために必要な指針（案）』等に関する意見募集の結果について」別表（令和3年8月20日消費者庁。以下「**意見募集への回答別表**」）9頁等では、消費者庁の考え方として「各事業者において、自組織の状況を踏まえ、経営判断に基づき各事業者にとって現実的かつ最適な措置を取ることが必要」との考え方が示されています。
2）「公益通報者保護法を踏まえた内部通報制度の整備・運用に関する民間事業者向けガイドライン」（平成28年12月9日消費者庁）のことです。このガイドラインに定められていた内容の実施は事業者の任意に委ねられていたものではありますが、各事業者が内部通報制度を構築するにあたり、大いに参考にされました。なお、民間事業者向けガイドラインは、2004年に実施された「民間事業者向けガイドライン研究会」における議論を経て、2005年

するものが多いことから、民間事業者向けガイドラインに示されていた内容を指針の解説に統合したものです。

指針の解説についても、改正法の施行時から適用されることになります[3]。

第3　指針の概要

1　指針に定められている項目の分類

指針には、大きく分けて、従事者指定義務（法11条1項）の大要を示した項目と、体制整備等義務（法11条2項）の大要を示した項目が定められています。

前者の従事者指定義務の大要を示したものとして、指針には、以下の二つの項目が定められています。

- 従事者として定めるべき者の範囲
- 従事者を定める方法

どのような者を法12条の従事者として定めなければならないのか、定めなければならないとして、どのような方法で定める必要があるかを示したものです。

後者の体制整備等義務の大要を示したものとして、指針には、以下の三つの項目が定められています。

- 部門横断的な公益通報対応業務を行う体制の整備
- 公益通報者を保護する体制の整備
- 内部公益通報対応体制を実効的に機能させるための措置

このうち、部門横断的な公益通報対応業務を行う体制の整備は、主に、内部公益通報受付窓口経由で寄せられた内部公益通報について、適切に受付・調査・是正に必要な措置を行うことを通じて、法令遵守を実現するために求められるものです。

7月に公表されました。その後、2015年に実施された「公益通報者保護制度の実効性の向上に関する検討会」における議論を経て、2016年12月に最終の改訂がされました。
3）指針の解説の表紙（本書184頁）に記載。

公益通報者を保護する体制の整備は、主に、公益通報者を保護することを通じて、公益通報を促すために求められるものです。

内部公益通報対応体制を実効的に機能させるための措置は、上記の二つの体制が実効的に機能するための土台を作るために求められるものです。

これら三つの項目は、更に、以下のように細分化されます。

１．部門横断的な公益通報対応業務を行う体制の整備

　(1)　内部公益通報受付窓口の設置等に関する措置

　(2)　組織の長その他幹部からの独立性の確保に関する措置

　(3)　公益通報対応業務の実施に関する措置

　(4)　公益通報対応業務における利益相反の排除に関する措置

２．公益通報者を保護する体制の整備

　(1)　不利益な取扱いの防止に関する措置

　(2)　範囲外共有等の防止に関する措置

３．内部公益通報対応体制を実効的に機能させるための措置

　(1)　労働者等及び役員並びに退職者に対する教育・周知に関する措置

　(2)　是正措置等の通知に関する措置

　(3)　記録の保管、見直し・改善、運用実績の労働者等及び役員への開示に関する措置

　(4)　内部規程の策定及び運用に関する措置

---

② 指針に定められている項目の概要

指針に定められている各項目について、第2章、第3章において、逐条ベースで詳細な解説をしていきますが、まず全体像を頭に入れていただいた上で、細かい点を知っていただくことが理解への近道であり、はじめに指針の各項目の概要を解説します（ここでは、正確性よりもイメージを持っていただくことを重視しており、細かい説明は省略しています）。

（第1章）

(1)　従事者指定義務に関する項目

　事業者は法 11 条 1 項により従事者指定義務を負いますが、どのような者を従事者として指定する必要があるのか、また、指定の方法はどのようなものであるのかについて、指針において明らかにされています。

　従事者として指定される必要がある者は、内部公益通報受付窓口経由の内部公益通報に対応する者に限定されます（いわゆるホットライン経由で受け付けた内部公益通報に対応する者に限定されるということです）。また、内部公益通報受付窓口経由での内部公益通報に対応する者であっても、公益通報をした者を特定できる情報（誰が公益通報をしたのかを排他的に認識できる情報）を伝えられない者は、従事者として定める必要はありません。

　また、従事者として定める場合には、従事者として定められる者が従事者の地位に就くことをしっかりと認識することができるような方法を用いて、定める必要があります。

(2)　部門横断的に内部公益通報に対応する体制に関する措置

　事業者には、法 11 条 2 項により負う体制整備等義務の内容として、まず、部門横断的に内部公益通報に対応する体制を整備することが求められます。

　具体的には、まず、内部公益通報受付窓口を設置しその所管部及び責任者を定める必要があります。この窓口は、通報窓口という名称がついていれば何でも良いというわけではなく、内部公益通報に対応する窓口であること、かつ、部門横断的に受け付ける窓口であることが必要です。

　次に、組織の長その他幹部からの独立性の確保に関する措置が求められます。組織における上位者は強い影響力を持っているため、少なくとも、内部公益通報受付窓口経由で寄せられた公益通報については、そうした上位者の影響力を排除し、受付・調査・是正措置といった法令遵守に至る過程が歪められないようにする必要があります。

　次に、公益通報対応業務の実施に関する措置が求められます。公益通報対応業務とは、内部公益通報を受け付け、調査し、是正に必要な措置をとる業務をいい、少なくとも、内部公益通報受付窓口経由で寄せられた公益通報に

ついては、こうした業務を実施する必要があります。

　さらに、公益通報対応業務における利益相反の排除に関する措置も求められます。調査結果次第で利益を得る、又は不利益を受ける可能性のある者が、受付・調査・是正に必要な措置に関与すると、これらの過程が歪められるおそれがあります。そのため、少なくとも、内部公益通報受付窓口経由で寄せられた公益通報については、このような不公正な対応を行うおそれのある者の関与を排除し、受付・調査・是正措置の過程が歪められないようにする必要があります。

⑶　公益通報者を保護する体制の整備に関する措置

　事業者には、法11条2項により負う体制整備等義務の内容として、公益通報者を保護する体制を整備することが求められます。

　具体的には、まず、公益通報を理由とする不利益な取扱いを防止する措置が求められます。また、公益通報を理由とする不利益な取扱いを受けていないか把握する措置をとらなければならず、仮に公益通報を理由とする不利益な取扱いを受けているのであれば、救済・回復措置もとらなければなりません。

　次に、範囲外共有や通報者探索を防止する措置や、範囲外共有が行われた場合の救済・回復措置をとることが求められます。範囲外共有とは、公益通報をした者を特定できる情報を必要最小限の範囲を超えて共有することをいいます。通報者の探索とは、公益通報者を特定しようとする行為をいいます。

　さらに、これらの保護措置の実効性を高めるため、不利益な取扱い、範囲外共有、通報者探索を行った者に対して、懲戒処分その他の適切な措置をとることも求められています。

　⑵の措置は、内部公益通報受付窓口経由で寄せられた内部公益通報に限定される措置でしたが、⑶の措置は、これに限定されるものではありません。そのため、例えば、同僚や上司へ内部公益通報をしたことを理由として不利益な取扱いを行うことや、労働基準監督署等の外部への公益通報を行った者を特定できる情報を必要最小限の範囲を超えて共有すること等も防止する必要があります。

⑷　内部公益通報対応体制を実効的に機能させるための措置

　事業者には、法11条2項により負う体制整備等義務の内容として、内部公益通報対応体制を実効的に機能させるための措置をとることが求められます。

　具体的には、まず、公益通報を行うことが想定される労働者、役員、退職者に対して、公益通報者保護法の内容や、内部公益通報対応体制の仕組みについて、教育や周知を行う必要があります。

　また、内部公益通報に係る通報対象事実について是正を行った際（又は通報対象事実の存在が認められないことが明らかとなった場合はその際）に、その旨を、業務遂行やプライバシー等に支障のない範囲において、内部公益通報を行った者に対して通知する必要があります。

　また、内部公益通報への対応に関する記録の保管、内部公益通報対応体制の定期的な評価・見直し、内部公益通報受付窓口に寄せられた内部公益通報に関する運用実績の概要の労働者及び役員への開示が求められます。

　さらに、以上の指針において求められる事項について、内部規程において定め、かつ、当該規程の定めに従って運用することが必要です。

　⑵の措置は、内部公益通報受付窓口経由で寄せられた内部公益通報に限定される措置でしたが、⑷の措置は、運用実績の開示を除いて、内部公益通報受付窓口経由で寄せられた内部公益通報に限定されるものではありません。そのため、例えば、内部公益通報受付窓口以外の内部公益通報対応体制についても周知をする必要がありますし、上司が内部公益通報を受けた場合においても、業務の遂行等に支障のない範囲において通知をする必要があります。

③　指針の策定に至る経緯

　指針が策定されるまでの経緯について紹介します。

　事業者がとるべき措置の具体的内容は、個別具体的な事情によって異なり得ることから、従事者指定義務・体制整備等義務の内容については、法律に明確に記載することは適当ではないとの判断の下、内閣法制局の法案審査の段階において、従事者指定義務・体制整備等義務の内容については法律とは別に内閣総理大臣が定める指針に委ねることとなり、2020年3月6日、改

正法の法案が閣議決定され、国会に提出されました。

　国会審議の際には、多くの議員から、指針の内容として想定しているものについての質問がなされ、政府からは、その時点で最低限必要と想定されていた内容を答弁しました。そして、同年 5 月 22 日衆議院本会議において可決し、同年 6 月 8 日参議院本会議において可決成立し、6 月 12 日に公布されました。

　改正法成立後、施行準備として、指針案の策定作業を行うことになり、この作業は私が主担当として行いました。指針は、法律上は、内閣総理大臣が消費者委員会の意見を聴いて定めることができるものではありますが（法 11 条 5 項）、消費者や事業者に重大な影響を与え得るものであることから、広く専門家の知見を踏まえてその内容を検証するプロセスが求められます。そのため、消費者庁において、検討会を開催し、有識者の意見を踏まえて指針案を策定することになりました。

　検討会において有識者に御議論いただくにあたり、①ゼロベースで議論を行うと早期に指針案を策定することが困難であること（指針に沿った対応を行う事業者には準備期間も必要になるため、可能な限り早く事業者に指針を示す必要がありました）、②国会が国権の最高機関であることを踏まえ、少なくとも国会審議において政府として説明をした内容とは離齬がない形にする必要があること、③国会議員や他の行政機関・関係団体等の関係者からこれまで指摘いただいた御意見の内容も議論に反映させる必要があることから、検討会においては、ゼロベースで議論をするのではなく、民間事業者向けガイドラインの内容、内閣法制局審査や国会審議の過程における説明内容、これまで関係者からいただいたご指摘を踏まえて、ある程度論点を明確にした上で御議論をいただく形で、進めることになりました。

　その後、関係団体の代表者や各分野について知見のある有識者の方々に委員就任の依頼を行い、消費者庁において「公益通報者保護法に基づく指針等に関する検討会」（以下「**指針検討会**」といいます。座長：高巖麗澤大学大学院経済研究科教授）が開催され、2020 年 10 月 19 日から 2021 年 3 月 22 日までに全 5 回、指針案の内容について検討が行われました。

　指針検討会においては、法 11 条 1 項の従事者指定義務に関する内容、特

第1章

に、従事者として指定すべき者の範囲について、最も時間を費やして御議論いただきました。他方で、独立性確保措置等の異論が出ると当初予想していた論点も含め、従業者以外の項目についてはさほど異論は出ませんでした。2021年3月22日の最終回においては、委員の皆様からいくつかの指摘をいただいたことから、その場で成案とはならず、「座長一任」という形で取りまとめが行われました。その後、座長等との所要の調整を経て（筆者は取りまとめ後の3月末付で退任しました）、最終回における委員の意見を反映させる形で、3月22日に取りまとめられた報告書案の内容を修正し、報告書（以下「**指針検討会報告書**」といいます。）及び指針案の成案が2021年4月21日に公表されました。

その後、2021年4月28日から、同年5月31日まで、指針案[4]について意見募集手続（パブリックコメント手続）が実施されました。この意見募集手続の際の意見募集要領においては、今後指針の解説が策定されること、指針検討会報告書の箇条書きで示された内容が指針の解説になること、民間事業者向けガイドラインが指針の解説に統合されること等が明らかにされました。

そして、内閣総理大臣が法11条5項の規定に基づき消費者委員会の意見を聴き、同委員会から2021年7月29日付けで妥当との意見を受領したため、同年8月20日、意見募集手続の結果が公表されるとともに、指針が成案として公表されました。成案として公表された指針の内容は、指針検討会で取りまとめられた指針案の内容からほぼ変更はありませんでした[5]。

その後、同年10月13日に、指針検討会報告書の内容と民間事業者向けガイドラインの内容を統合する形で、指針の解説が公表されました。

4）指針検討会報告書自体は、意見募集手続の対象とされませんでした。
5）「労働者」の記載を「労働者等」に変更し、用語の説明において「不利益な取扱い」の意味を明確にしたという点以外に変更点はありませんでした。

第4　指針に沿った制度を構築するにあたってとるべきプロセス

【ポイント】
① 　まず指針の各項目の趣旨を理解する。
② 　指針の趣旨を実現するための方策を考える。
③ 　通常人の視点（社会通念）からみて、②の方策をとれば、①の趣旨が達成できるかを検討する。
④ 　②の方策が、指針の文言や指針の解説に形式的に反していないかを検討する。

先ほど、指針はあくまで従事者指定義務・体制整備等義務の大要を定めたものであり、とるべき措置の具体的内容については、個々の事情によって異なるとお伝えしました。

ここでは、指針に沿った制度を構築・運用するために、具体的にどのようなプロセスを経るのがよいかを解説していきます。従事者指定義務・体制整備等義務の内容として、指針に沿って制度を構築するだけではなく、適切に運用をすることまで求められますので（指針本文第4.3.(4)参照）、以下のプロセスは、制度の構築と実際の運用の両者について必要になります。

1　① 　指針の各項目の趣旨を理解

まず、指針の各項目は、それぞれの趣旨を実現するために定められているものですので、指針の趣旨を理解することが必要です。例えば、範囲外共有の禁止であれば、その趣旨は、通報者に安心感を与え、通報を促す点にありますので、その趣旨をよくイメージし、真に理解することが必要です。

2　② 　①の趣旨を実現するための方策を検討

次に、指針の各項目の趣旨を実現するための方策を検討することが必要です。形式的に指針の文言に沿って規定を定めるというよりも、趣旨を達成するためにどうするかを検討することが、指針に沿った対応を行うための近道

71

となります。例えば、範囲外共有であれば、一般的には、規程に定める、周知をする、トップメッセージを発する、漏らした者を厳罰に処する等々の方法が考えられますが、どのようにすれば、通報をしようと検討している者に範囲外共有をされないという安心感を与えられるのか、自分が通報をしようとする立場になった気持ちで思いを巡らせてみることが有用といえます。

③　通常人の視点から②の方策により①の趣旨が実現できるかを検討

　次に、通常人の視点（社会通念）からみて、②の方策をとれば、①の趣旨を実現できるかを検討する必要があります。法令の解釈は社会通念を基準に判断されるものであり、従事者指定義務・体制整備等義務違反を判断する消費者庁長官（行政措置との関係で）及び裁判所（法令遵守義務違反等との関係で）においても、各々の主観ではなく、社会通念を基準に判断されます。そのため、通常の人の視点から見た場合に、その措置をとれば、指針の各項目の趣旨が実現できると考えられるようなものであれば、適切な措置をとったと評価して良いと考えられます。

　例えば、範囲外共有の禁止でいえば、規程に定めただけで本当に安心感が得られるのか、ちゃんとそれを社員に知らせないといけないのではないか、本気で秘密を守るということを信じてもらうためには単に制度内容を知らせるだけでは十分ではないのではないか、漏らした事例があれば厳罰に処することで本気度を示すべきではないか等々、「通常の人の視点からみて安心して通報できるか」を検討することが必要です。あくまで、通常の人の視点が必要であり、自分だったらこれで通報できる、と思う場合であっても、その感覚が誤っているかもしれませんので、複数人の意見を聞くことも重要です。

　もっとも、視点としては社会通念で良いのですが、考慮する対象となる事情については、個別の事業者によって異なり得ることには注意が必要です。例えば、過去に不祥事が起こった際に誰も通報をしなかったといった事情がある場合、企業規模からして通報件数が著しく低いといった事情がある場合[6]等は、社会通念からみて、同じ制度を維持しただけでは通報が促されると

---

[6] 東洋経済オンライン「最新！『内部通報の件数が多い100社』ランキング」（2022年1月30日付）では、「1年間で100人に1人が通報する」環境が、通報制度が機能している目安

は評価し難いところですので、抜本的に制度の改善を図っていく必要があります。

4 ④ ②の方策が指針の文言や指針の解説に形式的に反していないか検討

　最後に、指針の文言や指針の解説に形式的に沿っているか否かもチェックをすることが必要になります。

　この点を中心に検討されている方もおられるかもしれません。しかし、事業者がとるべき措置の具体的内容が個々の事業者により異なり得ることを踏まえると、指針の文言や指針の解説に形を合わせているだけでは、指針に沿った対応がされていないと判断されるおそれがあります。

の1つとされています。
https://toyokeizai.net/articles/-/504896 参照

第2章　公益通報対応業務従事者の定めについての解説

　ここからは指針の各項目について詳しく解説していきます。まず、公益通報対応業務従事者の定め（従事者指定義務の大要）から解説します。

第1　従事者として定めるべき者の範囲

　事業者が、事業者内でどのような業務を行っている者を従事者として定めなければならないのか[7]という点について、指針本文（第3.1）では以下のとおり規定されています。

> 事業者は、内部公益通報受付窓口において受け付ける内部公益通報に関して公益通報対応業務を行う者であり、かつ、当該業務に関して公益通報者を特定させる事項を伝達される者を、従事者として定めなければならない。

1　趣旨

　この指針本文の趣旨について、指針の解説5頁（本書189頁）では、「公益通報者を特定させる事項の秘匿性を確保し、<u>内部公益通報を安心して行うために</u>は、公益通報対応業務のいずれの段階においても公益通報者を特定させる事項が漏れることを防ぐ必要がある。また、法第11条第2項において事業者に内部公益通報対応体制の整備等を求め、同条第1項において事業者に

7）仮に当該業務をしている者が事業者内にいなければ、新たに創設する必要があります。

従事者を定める義務を課した趣旨は、<u>公益通報者を特定させる事項について</u>、法第12条の規定により守秘義務を負う従事者による<u>慎重な管理を行わせるため</u>であり、同趣旨を踏まえれば、内部公益通報受付窓口において受け付ける内部公益通報に関して、公益通報者を特定させる事項を伝達される者を従事者として定めることが求められる。」とされています。

　公益通報対応業務従事者は法12条の従事者守秘義務を負う者であり、従事者守秘義務を負わせることが適当な者を従事者として指定する必要があります。第1編第3章第1①で述べたとおり（36頁）、公益通報の範囲は広く、事業者内部において法律上の公益通報となり得る情報は多数行き交っているところ、これら情報に触れる全ての者を従事者として指定しなければならないとすれば、過度な規制となるため、一定の範囲に限定する必要があります。そのため、内部公益通報受付窓口経由の内部公益通報に限定する必要があります。他方で、公益通報者特定情報の機密性に鑑みれば、内部公益通報受付窓口を経由した以上、受付、調査、是正に必要な措置のいずれの段階でも従事者守秘義務を負わせる必要があります。もっとも、公益通報者特定情報を共有されていなければそれを漏らすこともありませんので、公益通報者特定情報を共有される者に限定することが適当です。このような趣旨から、従事者として定めるべき者の範囲について限定がされています。

② **概要**

　従事者として定める必要がある者は、①内部公益通報受付窓口において受け付ける内部公益通報に関して公益通報対応業務を行う者であり、かつ、②当該業務に関して公益通報者を特定させる事項を伝達される者です。
　まず、①の要件があることの帰結として、例えば、以下のことがいえます。

● 　内部公益通報窓口を経由せず、職制上のレポーティングラインにおいて公益通報を受け付ける職場の上司や、公益通報を受けた同僚等は、<u>内部公益通報受付窓口において受け付ける内部公益通報に対応する者とはいえず</u>、①の要件を満たさないことから、従事者として指定する必要があるとはいえません。

● 　内部公益通報受付窓口経由で寄せられた内部公益通報に対して、社内

調査等におけるヒアリングの対象者、職場環境を改善する措置に職場内において参加する労働者等、製造物の品質不正事案に関する社内調査において品質の再検査を行う者等であって、公益通報の内容を伝えられたにとどまる者は、<u>公益通報対応業務を行っているとは評価できず</u>、①の要件を満たさないことから、従事者として指定する必要はありません[8]。

また、②の要件があることの帰結として、例えば、以下のことがいえます。

● リスクマネジメント（コンプライアンス）委員会や取締役会において、公益通報者の名前が伏せられる前提で内部公益通報の事案や調査結果に係る正確な情報を共有し、対応や再発防止策について検討する出席者や役員[9]については、名前だけでは公益通報者が特定できない状況にあるのであれば、②の要件を満たさず、従事者の範囲に含まれないと理解してよいといえます。

● 実務上、公益通報対応業務（受付窓口・調査・是正）を管理・統括する所管部門が、通報内容に関する具体的な調査や是正措置の検討などの一部または全部を他の部門に指示することもあり得るところ、このように他の部門が調査・是正の業務の一部を担う場合[10]においても、当該他の部門の担当者は、「公益通報者を特定させる事項」を伝達されない限りにおいては、②の要件を満たさず、公益通報対応業務従事者には該当しないとの理解でよいといえます。

● 公益通報対応業務については主管部門が担当するほか、例えば、案件が生じた際に適切に対応するために、委員会・対応チーム（主担当の部門に加えて関連セクションの役職員等で横断的に構成するもの）等を設置して調査・是正等について検討・対応を行う、取締役会等にも調査内容の報告や是正策の最終決定等を行うといった対応をとることも想定されますが[11]、このような場合において、委員会・対応チームや取締役会が調査・是正の一翼を担うとしても、その構成員については、「公益通報

8）指針の解説６頁脚注８（本書190頁）参照
9）意見募集への回答別表１頁掲載の御意見参照
10）意見募集への回答別表５頁掲載の御意見参照
11）意見募集への回答別表５頁掲載の御意見参照

者を特定される事項」を伝達されない限りにおいては、②の要件を満た
さず、公益通報対応業務従事者として定める必要はないと理解してよい
といえます。

● 子会社が親会社窓口を内部公益通報受付窓口として指定している場合
において、受付は親会社で行うものの、その後の調査等の公益通報対応
業務は子会社の従業員が行うケースがありますが、このような形で公益
通報対応業務を行う子会社の従業員であっても、公益通報者を特定させ
る事項を伝達されるということでなければ、②の要件を満たさず、従事
者として定めることは不要といえます[12]。

また、従事者として定めなければならない者であるか否かの判断は、どこ
の部署に所属しているかという形式ではなく、上記①かつ②に該当するか否
かを実質的に検討した上で行う必要があります。指針の解説5頁（本書189
頁）においても、「事業者は、コンプライアンス部、総務部等の所属部署の
<u>名称にかかわらず</u>、上記指針本文で定める事項に該当する者であるか否かを
<u>実質的に判断して</u>、従事者として定める必要がある。」とされています。そ
のため、例えば、ハラスメントや職場の人間関係に係る相談窓口という名称
の窓口の担当者や、懲戒委員会等の構成員[13]という、一見公益通報対応業
務とは無関係な者であっても、①及び②の要件を満たす場合には、従事者と
して定める必要があります。こうした実質判断が必要なものであることか
ら、従事者の具体的な範囲について、指針の解説において具体的かつ明確に
定めること[14]は難しいといえます。

さらに、通報対応が進む中で、それまで従事者として定められていなかっ
た者を、臨時に従事者として定めなければならない場合も出てきます。指針
の解説5頁（本書189頁）においても、「事業者は、内部公益通報受付窓口に
おいて受け付ける内部公益通報に関して公益通報対応業務を行うことを主た
る職務とする部門の担当者を、従事者として定める必要がある。」ことを基
本としつつも、「それ以外の部門の担当者であっても、事案により上記指針

12）意見募集への回答別表7頁掲載の御意見参照
13）意見募集への回答別表6頁掲載の御意見参照
14）意見募集への回答別表1頁掲載の御意見参照

本文で定める事項に該当する場合には、必要が生じた都度、従事者として定める必要がある」とされています。

　臨時に従事者を指定する必要がある場合、要件を満たすか否か怪しそうな者はすべて従事者として定めるという方法を思いつく方もおられるかもしれません。しかし、臨時に従事者として定めた場合、その事案が通報を契機に調査が行われている事案であることが従事者として定められた者に知られることになるため、公益通報者特定情報の共有範囲を局限するという観点からは、必ずしも望ましい対応とはいえません。指針の解説6頁（本書190頁）では、「必要が生じた都度従事者として定める場合においては、従事者の指定を行うことにより、<u>社内調査等が公益通報を端緒としていることを当該指定された者に事実上知らせてしまう可能性がある</u>。そのため、公益通報者保護の観点からは、従事者の指定をせずとも公益通報者を特定させる事項を知られてしまう場合を除いて、従事者の指定を行うこと自体の是非について慎重に検討することも考えられる。」とされており、上記①、②の要件を満たすかを慎重に判断する必要があります。

　なお、仮に社内に①及び②の要件を満たす者がいない場合[15] には、誰も従事者として指定しなくてもよいわけではありません。内部公益通報受付窓口を設置し、その担当者を指定する等して、①及び②の要件を満たす者が社内に常に存在している状態にする必要があります。そのため、常時使用する労働者301人以上の事業者であれば、法の施行後に誰も従事者として指定していないという状況は想定されないことになります。

③　逐条解説

(1)　「事業者は」

　「事業者」とは、指針の「第2　用語の説明」では、「法第2条第1項に定める「事業者」をいい、営利の有無を問わず、一定の目的をもってなされる同種の行為の反復継続的遂行を行う法人その他の団体及び事業を行う個人であり、法人格を有しない団体、国・地方公共団体などの公法人も含まれ

---

15) 内部公益通報受付窓口の設置が求められている以上（指針本文第4.1.(1)）、このような事態が起こることは想定されないところです。

る。」とされています。そのため、このような性質を持つ団体を構成する自然人が、指針の定めに沿って、従事者を定める必要があります。

　従事者指定義務を負う者は事業者ですが、定める行為を外部に委託することは可能です。例えば、外部の法律事務所に公益通報対応業務の一部を委託する場合、委託先の法律事務所に対して、当該法律事務所内の職員を従事者として定めることについて委託をすることも可能です。他方で、あくまで従事者指定義務を負う者は事業者ですので、委託先が適切に従事者を定めていなかった場合には、事業者が責任を負うことになります。

(2)　「内部公益通報受付窓口において受け付ける」

ア　「内部公益通報受付窓口」

　「内部公益通報受付窓口」とは、指針の「第2　用語の説明」では、「内部公益通報を部門横断的に受け付ける窓口をいう。」とされています（詳細は第3章第1①で説明します（90頁以下））。

　「内部公益通報受付窓口において受け付ける」とあるので、従事者として指定される必要がある者は、内部公益通報受付窓口で受け付けた内部公益通報に対応する者に限定されます。すなわち、部門横断的ではない通報相談窓口や、公益通報を受け付けない通報相談窓口において受け付けた公益通報について対応する者を、事業者が従事者として定める必要はありません。また、上司等も内部公益通報を受けることがありますが、この場合、内部公益通報受付窓口において公益通報を受け付けているわけではないため、事業者は当該上司を従事者として定める必要はありません。

イ　「受け付ける」

　「受け付ける」については、実質的に判断する必要があり、内部公益通報受付窓口において、正式なルートとして指定している方法以外の方法で内部公益通報が来た場合であっても[16]、その後、内部公益通報受付窓口の正式なルートに準じた公益通報対応業務の対象とされているのであれ

16）例えば、通報の受付方法として、電話及びメールアドレスのみを指定していたものの、投書やFAXで通報が寄せられたという場合が想定されます。

ば、「受け付ける」といえます。指針の解説5頁脚注5（本書189頁）でも、「内部公益通報を「受け付ける」とは、内部公益通報受付窓口のものとして表示された連絡先（電話番号、メールアドレス等）に直接内部公益通報がされた場合だけではなく、例えば、公益通報対応業務に従事する担当者個人のメールアドレス宛てに内部公益通報があった場合等、実質的に同窓口において内部公益通報を受け付けたといえる場合を含む。」とされています。どのような場合に実質的に受け付けているといえるのかが問題となりますが、通報及び受付の態様が、通常の内部公益通報受付窓口への通報及び受付の態様と類似しているか、受領後、通常の内部公益通報受付窓口経由の調査、是正のルートに乗せているかどうかが判断要素の一つになると考えられます。

(3)　「内部公益通報に関して」

「内部公益通報」とは、指針の「第2　用語の説明」では、「法第3条第1号及び第6条第1号に定める公益通報をいい、通報窓口への通報が公益通報となる場合だけではなく、上司等への報告[17]が公益通報となる場合も含む。」とされています。

まず、「内部公益通報」といえるためには、公益通報といえることが必要です。例えば、内部公益通報受付窓口に寄せられた通報であっても、法令違反に該当しない社内規程違反行為の通報[18]や、罰則の対象とならないハラスメント行為の通報については、公益通報とはいえないことから、そのような通報の対応に関与する者を、従事者として指定する必要はありません。

また、「内部公益通報」といえるためには、事業者内部への公益通報であることが必要であり、公益通報であっても事業者外部への公益通報は「内部公益通報」とはいえません。例えば、2号通報や3号通報に対応する者（例

---

17)　他方で、「内部公益通報受付窓口において受け付ける」との限定がある結果、職制上のレポーティングラインにおいて報告（内部公益通報）を受ける場合の上司は、従事者として定める必要はありません。

18)　外形上は社内規程違反の通報であっても、客観的・実質的にそれが法2条3項の通報対象事実の通報に当たる場合には、「内部公益通報」に当たる場合があるので、注意が必要です（解説改正公益通報者保護法122頁以下参照）。

えば、行政機関において外部の労働者等からの通報を受け付ける窓口を設置している場合の当該窓口の担当者、報道機関において内部告発の受付窓口を設置している場合の当該窓口の担当者等）については、内部公益通報に対応する者とはいえないため、従事者として指定する必要はありません。

(4)　「公益通報対応業務を行う者であり、かつ」

　「公益通報対応業務」とは、指針の「第2　用語の説明」では、「法第11条第1項に定める「公益通報対応業務」をいい、内部公益通報を受け、並びに当該内部公益通報に係る通報対象事実の調査をし、及びその是正に必要な措置をとる業務」とされています。

　ア　受付・調査・是正のいずれかに従事していればよい

　　内部公益通報の受付、調査、是正に必要な措置の全てに従事している必要はなく、いずれかの業務に従事していれば、公益通報対応業務を行っているといえます。指針の解説5頁（本書189頁）においても、「内部公益通報の受付、調査、是正に必要な措置の全て又はいずれかを主体的に行う業務及び当該業務の重要部分について関与する業務を行う場合に、「公益通報対応業務」に該当する」とされています。

　　例えば、専ら受付のみを担当する者（法律事務所や専門会社が受付業務のみを担う場合等）についても[19]、受付後の他の者による調査、是正措置が予定されているのであれば、従事者として指定する必要があります。調査や是正措置について報告を受ける立場の者が含まれるか[20]は事案によりますが、報告を受けて是正措置を行うことが予定されているのであれば、公益通報対応業務を行う者に含まれると考えられます。

　イ　主体的な関与又は重要部分への関与が必要

　　他方で、受付・調査・是正のいずれかの業務に何らかの形で関与しているだけで「公益通報対応業務」を行っているとはいえません。公益通報対応業務を行っているといえるためには、これらの業務を主体的に行ってい

---

19)　意見募集への回答別表1頁掲載の御意見参照
20)　意見募集への回答別表1頁掲載の御意見参照

るか、又は主体的に行う業務の<u>重要部分に関与</u>していることが必要です[21]。指針の解説6頁脚注8（本書190頁）においても、「公益通報の受付、調査、是正に必要な措置について、主体的に行っておらず、かつ、重要部分について関与していない者は、「公益通報対応業務」を行っているとはいえないことから、従事者として定める対象には該当しない。例えば、社内調査等におけるヒアリングの対象者、職場環境を改善する措置に職場内において参加する労働者等、製造物の品質不正事案に関する社内調査において品質の再検査を行う者等であって、公益通報の内容を伝えられたにとどまる者等は、公益通報の受付、調査、是正に必要な措置について、主体的に行っておらず、かつ、重要部分について関与していないことから、たとえ調査上の必要性に応じて公益通報者を特定させる事項を伝達されたとしても、従事者として定めるべき対象には該当しない。」とされています[22]。

　例えば、外部窓口が通報の受付のみを行っており、当該外部窓口宛の通報内容について、事業者内で内部通報対応について責任を負っているコンプライアンス専門部署にそのまま共有され、その後の通報対応は当該専門部署で行うことになっているケース[23]については、仮に主体的に業務を行っているとはいえなくとも、公益通報者の氏名等の重要な情報を直に伝えられていること、当該外部窓口を起点としてその後の通報対応が行われることから、「重要部分について関与」しているといえ、当該外部窓口に

---

21) この重要部分に関与しているかは、指針の解説6頁脚注8（本書190頁）の記載や、指針検討会において従事者として定めるべきから除外すべきとして指摘された事例（「第4回 公益通報者保護法に基づく指針等に関する検討会 議事要旨」4頁等）等を踏まえると、関与に際して公益通報者特定情報を共有する必要性の程度、公益通報者特定情報の実際の共有状況（公益通報者特定情報をどの程度詳細に伝達されているか等）、関与に係る業務の公益通報対応業務全体に占める重要性の程度（依頼された職務に懈怠があった場合の影響の程度）等の諸事情を総合考慮して判断されることになるといえます（解説改正公益通報者保護法229頁脚注81参照）。

22) 後述のとおり、範囲外共有等の防止措置は、事業者における全ての労働者及び役員等に対して求められる措置であることから、指針の解説6頁脚注8（本書190頁）では、「ただし、このような場合であっても、事業者における労働者等及び役員として、内部規程に基づき（本解説本文第3.Ⅱ.3.(4)「内部規程の策定及び運用に関する措置」参照）範囲外共有（本解説本文第3.Ⅱ.2.(2)「範囲外共有等の防止に関する措置」参照）をしてはならない義務を負う。」と注意的に記載されています。

23) 意見募集への回答別表7頁掲載の御意見参照

おいても公益通報対応業務を行っているといえます。

(5)　「当該業務に関して公益通報者を特定させる事項を伝達される者を」

ア　「当該業務に関して」

　「当該業務に関して」の「当該業務」とは、内部公益通報受付窓口において受け付ける内部公益通報に関して行う公益通報対応業務を指しています。例えば、職場の上司が部下から内部公益通報を受ける場合、当該上司は内部公益通報受付窓口経由で公益通報者特定情報を知るわけではないことから、当該上司を従事者として定める必要はありません。

イ　「公益通報者を特定させる事項」

　「公益通報者を特定させる事項」とは、指針の解説5頁脚注6（本書189頁）では、「公益通報をした人物が誰であるか「認識」することができる事項をいう。」「「認識」とは刑罰法規の明確性の観点から、公益通報者を排他的に認識できることを指す。」とされています。

　これは、必ずしも氏名に限定されるわけではなく、多種多様なものが想定されます。指針の解説5頁脚注6でも、具体例として、「公益通報者の氏名、社員番号等のように当該人物に固有の事項を伝達される場合が典型例であるが、性別等の一般的な属性であっても、当該属性と他の事項とを照合させることにより、排他的に特定の人物が公益通報者であると判断できる場合には、該当する。」とされています。

　場合によっては、通報内容それ自体が「公益通報者を特定させる事項」にあたる場合もあります。例えば、製造業においては、国内生産拠点の合理化が進んでおり、製品の検査工程を担う職場には、従業員が2人しかいないケースがあるところ、製造ラインを細分化し、その検査工程を管理者と担当者の2人で担う場合、品質に係るデータの改ざんが疑われる等、有事の際に通報することができるのは担当者に限定されるという例が指摘されており[24]、このような例では、管理者において通報内容それ自体で誰が通報をしたか特定可能となる場合もあるといえます。他方で、この例で

24）意見募集への回答別表2頁

いえば、データの改ざんを行ったとされる管理者は、調査の対象者であって、公益通報対応業務を行っているわけではないことから、その者を従事者として定める必要はありません。

　他方で、「公益通報者を排他的に認識できる」ものであることが必要であるところ、例えば、「確かではないが、以前からAさんは通報に係る問題を指摘していたことから、何となくAさんが通報した気がする」という程度では、公益通報者を排他的に認識できるとはいえません。

ウ　「伝達される者」

　「伝達される」とは、公益通報対応業務の過程で伝えられることをいい、それ以外の機会に公益通報者を特定させる事項を知らされる者（業務とは無関係に知った者）は「伝達される者」にはあたりません。小規模部門や小規模事業者等における内部公益通報の場合、何となく公益通報者が特定できてしまう場合が多いという指摘がありますが[25]、このように何となく特定できてしまう者については、公益通報者を特定させる事項を公益通報対応業務の過程で伝えられているわけではないことから、従事者として定める必要はありません。

　「者」とは、事業者内部の者に限らず、事業者外部の者も含まれます。例えば、子会社が親会社設置の通報窓口を内部公益通報受付窓口としている場合、親会社の窓口担当社員は、子会社の通報者を特定させる事項を知ることになることから、子会社の側において、当該親会社担当者を従事者として指定することが必要になります[26]。また、弁護士等を内部公益通報受付窓口に指定した場合、当該弁護士等を従事者として指定する必要があります。なお、「者」は自然人に限られているため[27]、例えば、親会社

---

[25]　意見募集への回答別表2頁掲載の御意見参照

[26]　子会社の委託を受けて親会社において親会社担当者を従事者として指定することも可能です。当該従事者は、子会社の労働者等からの通報（これは法2条1項2号又は3号の関係がない限り、親会社を1号事業者とする内部公益通報にはあたりません。）について守秘義務を負うことについても、教育される必要があります。

[27]　法人自身が法12条の構成要件に該当する行為を行うことは想定されないため、法12条の行為者である従事者も自然人に限られます。

や外部の民間事業者に通報窓口を委託する際において、外部窓口となる法人自体を従事者として定めること[28] は想定されていません。委託先の会社のどの従業員が従事者として定めるべき者の要件を満たすか委託元にはわからない場合もありますが[29]、そのような場合には、従事者への指定行為自体を、委託先の会社に委託することが考えられます。

(6)　「従事者として定めなければならない」

　「従事者」とは、指針の「第2　用語の説明」において、「法第11条第1項に定める「公益通報対応業務従事者」をいう。」とされています。

　「定めなければならない。」とは、定めなければ法11条1項に違反することを意味しています。

　「定め」る行為は、必ずしも義務を負う事業者が直接行う必要はありません。例えば、通報窓口を外部委託する場合、当該委託先の従業員等を従事者に指定する事務については、外部委託先の事業者（法律事務所等）に委託することも可能です。他方で、従事者指定義務を負う者はあくまで事業者であり、外部委託先が適切に指定していなかった場合の責任は、事業者が負います。そのため、外部委託先が指定したことのエビデンスを確認する（従事者が署名した指定書の写しを共有してもらう等）、外部委託先の事業者が義務を履行していないと疑われる事情がある場合に積極的に誰を指定したのかの確認を求める等の措置が必要になります。

　「定め」る方法については、まず、従事者となる者が従事者の地位に就くことが明らかになる方法により定めなければなりません（指針本文第3.2）。この点については、第2で解説します（87頁以下）。

　また、どのような事情があれば「定め」たといえるのかが問題となります。法及び指針では「定め」る際に、特別の要式を求めていないことから[30]、指針で定める方法（指針本文第3.2）に沿って、従事者となることが本人に明

---

28) 意見募集への回答別表8頁掲載の御意見参照
29) 意見募集への回答別表8頁掲載の御意見の理由参照
30) 他方で、何らかの証憑がなければ、消費者庁長官や裁判所に対して、従事者指定義務の履行を行ったという事実の立証をすることが困難となります。

らかとなる形で伝えられ、実際に公益通報対応業務に従事しており、単に社内の形式的な手続が済んでいないというだけであれば[31]、「定め」たと評価でき、その者が従事者であるとして、漏らした場合には刑事罰の対象になると考えられます。

「定め」る時期[32]については、公益通報者特定情報を知らせる前に定めておいた方が、従事者指定義務違反の状況が生じるリスクが低減することから、無難であるといえます。常時内部公益通報受付窓口を経由した公益通報対応業務を行う者は常に従事者として定めておき、臨時に従事者として定める者については、必要が生じた都度、従事者として定め、その後に公益通報者特定情報を知らせる方法が考えられます。

4　その他の推奨される考え方や具体例

公益通報対応業務は、公益通報者の保護を図りつつ、事業者の経営に重大な影響を与えかねない事実について調査及び是正措置を行う業務であり、業務遂行にあたり、高い能力及び誠実さが求められます。そのため、従事者としての業務を担当する者には、公益通報対応業務を処理するために必要な能力や誠実さが備わっていることが望まれます。指針の解説5頁脚注7（本書189頁）においても、「実効性の高い内部公益通報制度を運用するためには、公益通報者対応、調査、事実認定、是正措置、再発防止、適正手続の確保、情報管理、周知啓発等に係る担当者の誠実・公正な取組と知識・スキルの向上が重要であるため、必要な能力・適性を有する者を従事者として配置することが重要である。」とされています。

例えば、新人を十分な教育をしないまま担当者としてアサインする、能力はあるものの、自らハラスメントや違法行為を行っている者を責任者にアサインする等の措置は適切ではないといえます。直ちに指針に違反するというわけではありませんが、後述のとおり、体制整備等義務には、公益通報対応業務の実施（指針本文第4.1(3)）等の規制もあるところ、結果的にこのような規制を遵守することができない事態が生じるおそれもあります。

31）意見募集への回答別表 39 頁掲載の御意見の概要参照
32）意見募集への回答別表 4 頁掲載の御意見の概要参照

第2　従事者として定める方法

　従事者として定めるべき者を、従事者として定める方法について、指針本文
（第3.2）では以下のように規定されています。

> 事業者は、従事者を定める際には、書面により指定をするなど、従事者の
> 地位に就くことが従事者となる者自身に明らかとなる方法により定めなけ
> ればならない。

①　指針の趣旨

　この指針本文の趣旨について、指針の解説6頁（本書190頁）では、「従事
者は、法第12条において、公益通報者を特定させる事項について、刑事罰
により担保された守秘義務を負う者であり、公益通報者を特定させる事項に
関して慎重に取り扱い、予期に反して刑事罰が科される事態を防ぐため、自
らが刑事罰で担保された守秘義務を負う立場にあることを明確に認識してい
る必要がある。」とされています。

　すなわち、①公益通報者特定情報を慎重に取り扱わせることにより、従事
者守秘義務違反となる事態を防ぎ、公益通報者の保護を図ること、また、②
従事者が予期に反して刑事罰を科される事態を防ぎ、従事者の保護を図るこ
との2点が主な趣旨になります。

②　逐条解説

(1)　「従事者を定める際には」

　「従事者を定める際」とは、内部の労働者等を従事者として定める場合だ
けではなく、外部委託先の者を従事者として定める場合（外部窓口[33]を設置
して、当該窓口に受付・調査・是正措置等の対応を委ねる場合等）も含みます[34]。

　すなわち、事業者外部の者を従事者として定める場合においても、書面に

---

[33]「外部窓口」とは、内部公益通報受付窓口を事業者外部（外部委託先、親会社等）に設置
　した場合における当該窓口をいいます（指針の解説脚注20（本書194頁））。

より指定するなど、従事者の地位に就くことが、従事者自身に明らかとなる方法により定める必要があります。

(2)　「書面により指定をするなど」

「書面により指定をするなど」とは、「など」とあるとおり、必ずしも書面での指定に限定するものではありません（書面は例示にすぎません）。例えば、口頭であっても、従事者の地位に就くことを明確に説明していれば足りる場合もあります。他方で、消費者庁長官や裁判所との関係において、従事者となることが明らかとなる方法により指定したことについては、事業者において立証をする必要があることから、実務上は、事後的に検証可能な形で指定をすることが必要となります。

なお、「書面」にはいわゆる電子メールは含みますが、音声記録は含みません[35]。

(3)　「従事者となる者自身に明らかとなる方法により」

「従事者となる者自身に明らかとなる方法」として、現実に認識させる必要があるのか、それとも従事者が認識しようとすれば認識し得る状態（例えば、誰が従事者として指定されているかの文書を更新して従事者として指定された者が閲覧可能な形で備え置く）においただけで足りるのかは、指針の解説上は明示されていませんが、上記[1]の①の通報者保護の趣旨、また、指針（第4.3(1)イ）において従事者に対する十分な教育が求められていることを踏まえると、現実に従事者であることを認識させる必要があり、単に認識し得る状態に置いただけでは足りないといえるでしょう。例えば、社内規則において従事者を部署等の特定の属性で指定している場合、社内規則が社内イントラネット等に掲載されているだけでは足りず、従事者となる者に社内規則の内容を現実に伝えることが必要と考えられます[36]。

また、外部弁護士や外部専門業者は、専門家として従事者の地位に就くこ

34）指針の解説6頁（本書190頁）
35）意見募集への回答別表38頁掲載の消費者庁の考え方参照。
36）意見募集への回答別表9頁掲載の御意見の概要参照

とを認識している場合も多いと考えられますが、指針上特にこれらの者が例外として除外されてはいないことから、これらの者に対しても、同様に、文書若しくは口頭で従事者の地位に就くことを明示する必要があります[37]。

　指針上は、あくまで、従事者となる者自身に明らかにすることだけが求められており、内部公益通報受付窓口の利用者に従事者が誰であるか公開することまでは求められていません[38]。もっとも、内部公益通報受付窓口の利用者にも誰が従事者であるかを明らかにすれば、安心して内部公益通報がされやすくなるといえます。指針の解説 19 頁脚注 35（本書 203 頁）でも、「内部公益通報をする先が従事者であることが分かれば、公益通報者を特定させる事項がより慎重に取り扱われるといった安心感により内部公益通報を行いやすくする効果が期待できる。」と指摘されています[39]。利用者に誰が従事者であるかを明らかにする場合、必ずしも個人名を明示する必要はなく、窓口担当者が従事者であることを示すだけでも足りるとされています[40]。

(4)　「定めなければならない」

　「定めなければならない」とは、「定め」ることが、義務となるということです。

　「定め」る方法の例について、指針の解説 6 頁（本書 190 頁）では、「従事者に対して個別に通知する方法のほか、内部規程等において部署・部署内のチーム・役職等の特定の属性で指定することが考えられる。」とされています。後者については、職制表（従業員名、職位、担当職務等が記載され、当該「従事者となる者」自身も参照可能なもの）に従事者であることを記載するなどの方法も想定されますが、前述のとおり、従事者となる者に従事者となることを現実に伝える必要があるほか、伝えたことのエビデンスを残しておく必要もあります[41]。

37）意見募集への回答別表 9 頁掲載の消費者庁の考え方参照
38）意見募集への回答別表 8 頁掲載の御意見の概要参照
39）指針検討会報告書 21 頁には、従事者が誰であるかを、通報制度の利用者にも明らかにすることが「望ましい」旨の記載がありましたが、指針の解説では表現が変更されています。
40）意見募集への回答別表 5 頁掲載の消費者庁の考え方参照
41）意見募集への回答別表 8 頁掲載の御意見参照

第2編

第3章　内部公益通報対応体制の整備
その他の必要な措置についての解説

　ここからは、内部公益通報対応体制の整備その他の必要な措置（体制整備等義務の大要）について解説をします。

第1　部門横断的な公益通報対応業務を行う体制の整備

1　内部公益通報受付窓口の設置等

　内部公益通報受付窓口の内容及び設置の方法について、指針本文（第4.1(1)）では以下のように規定されています。

> 1　事業者は、部門横断的な公益通報対応業務を行う体制の整備として、次の措置をとらなければならない。
> (1)　内部公益通報受付窓口の設置等
> 　内部公益通報受付窓口を設置し、当該窓口に寄せられる内部公益通報を受け、調査をし、是正に必要な措置をとる部署及び責任者を明確に定める。

(1)　指針の趣旨

　この指針本文の趣旨について、指針の解説7頁（本書191頁）では、「事業者において、<u>通報対象事実に関する情報を早期にかつ円滑に把握するために</u>は、内部公益通報を部門横断的に受け付ける窓口を設けることが極めて重要

である。そして、<u>公益通報対応業務が責任感を持って実効的に行われるため</u>には、責任の所在を明確にする必要があるため、内部公益通報受付窓口において受け付ける内部公益通報に関する公益通報対応業務を行う部署及び責任者を明確に定める必要がある。このような窓口及び部署は、職制上のレポーティングラインも含めた複数の通報・報告ラインとして、<u>法令違反行為を是正することに資する</u>ものであり、ひいては<u>法令違反行為の抑止</u>にもつながるものである。」とされています。

　すなわち、①通報対象事実の早期かつ円滑な把握による法令違反の是正・抑止（法令の遵守）、②公益通報対応業務の実効性向上による法令違反の是正・抑止（法令の遵守）の２点が主な趣旨になります。

(2)　逐条解説

　ア　「内部公益通報受付窓口を設置し」

　　(ア)　「内部公益通報受付窓口」

　　a　「内部公益通報受付窓口」の定義

　　「内部公益通報受付窓口」とは、内部公益通報を部門横断的に受け付ける窓口のことをいいます[42]。

　　「部門横断的に受け付ける」とは、個々の事業部門から独立して、特定の部門からだけではなく、全部門ないしこれに準ずる複数の部門から受け付けることを意味します[43]。

　　b　「内部公益通報受付窓口」該当性の判断

　　ある窓口が「内部公益通報受付窓口」にあたるかは、担当者の従事者指定の要否（指針本文第3.1）、独立性確保措置の要否（指針本文第4.1(2)）、公益通報対応業務実施の要否（指針本文第4.1(3)）、利益相反排除措置の要否（指針本文第4.1(4)）、窓口における実績の開示の要否（指針本文第4.3(3)ハ）等に影響をするものであり、重要性が高いといえます。

　　まず、ある窓口が内部公益通報受付窓口にあたるかは、その名称ではなく、部門横断的に内部公益通報を受け付けるという実質の有無により

---

42) 指針本文第2「用語の説明」
43) 指針の解説7頁脚注9（本書191頁）

判断されます[44]。そのため、設置した窓口の名称が「公益通報受付窓口」という名称ではなく、例えば、「社内通報窓口」といった名称であっても、部門横断的に内部公益通報を受け付ける実質があれば、内部公益通報受付窓口にあたります。また、事業者の側において、その窓口を内部公益通報窓口と指定していなくとも、部門横断的に内部公益通報を受け付ける実質があれば、内部公益通報受付窓口にあたります。

　また、後述のとおり、設置先の限定はないものの、受け付けた内部公益通報について公益通報対応業務が行われることが想定されている以上（指針本文第4.1.(3)）、通報後に事業者による公益通報対応業務が行われることが性質上想定されない場合（例えば、外部の行政機関を内部公益通報受付窓口に指定する等）には[45]、その窓口は、「内部公益通報受付窓口」とは評価できないといえます。

　ハラスメント窓口等、一部の内部公益通報を部門横断的に受け付けている窓口[46]も内部公益通報受付窓口にあたるか（内部公益通報受付窓口といえるために、一つの窓口で全ての内部公益通報を受け付ける必要があるか否か）が問題となります。この点は、指針の解説で明示されているわけではありませんが、指針本文に掲載されている内部公益通報受付窓口の定義において、「一つの窓口で全ての内部公益通報を受け付ける」という限定がされているわけではないことから、一部の内部公益通報のみを受け付ける窓口であっても、部門横断的に内部公益通報を受け付けるという実質がある場合には、内部公益通報窓口にあたると考えられます[47]。このような一部を受け付ける窓口において、担当者を従事者として指定する等の事態が煩雑であると考える場合には、一部を受け付ける窓口と通常の内部通報窓口を統合して一つの窓口とする対応をとることが考え

---

44) 指針の解説7頁（本書191頁）

45) 客観的に「内部公益通報受付窓口」と評価される窓口で受け付けた内部公益通報について、調査及び是正を行わないことは、公益通報対応業務の実施を求める指針本文第4.1(3)に反するため、注意が必要です。

46) ハラスメントに係る通報も、内容によっては公益通報にあたる場合があります（解説改正公益通報者保護法130頁脚注86参照）。

47) この場合、事業者において全ての内部公益通報について受付・調査・是正ができる状況とするため、残部について受け付ける内部公益通報受付窓口を別途設ける必要があります。

られます。このほか、一部を受け付ける窓口では内部公益通報にあたる
ものを受け付けないという整理を行い（例えば、ハラスメント窓口におい
て、暴行・脅迫等の内部公益通報に当たるものは受け付けませんと明示する
等）、実質的にもその通りに運用すること、すなわち、これらの窓口の
受付担当者に対して、内部公益通報とそうではないものの違いを教育し
（指針本文第4.3(3)イ）、これらの窓口において、内部公益通報にあたるも
のを部門横断的に受け付けるという実質が生じないようにするといった
対応をとることが考えられます（このような対応がハラスメント窓口等を
設ける趣旨に合致しているかは別途検討する必要があります）。そもそも内
部公益通報受付窓口ではない窓口の受付担当者については、臨時にであ
れ、従事者として指定する必要はありませんが、安全策をとるとすれ
ば、従事者として指定しないまでも、従事者と同等の教育を行い、従事
者と同等の対応をさせた方が望ましいといえます。

㈵　「設置」

　「設置」とは、内部公益通報受付窓口を事業者において恒常的に設け
ることです。指針で求められる事項は内部規程に定めることが必要です
ので（指針本文第4.3.(4)）、内部公益通報受付窓口の設置についても、内
部規程において定める必要があります。

　設置先について明示的な制約はなく、事業者内のどの部署に設置する
ことも可能であり、事業者内に設置せずに事業者外部（外部委託先、親
会社等）に設置すること、事業者内と事業者外部の双方に設置すること
も可能です（後述のとおり、事業者外部に設置する場合には、法2条1項柱
書の「あらかじめ定め」る措置が必要となります）。

a　事業者内部に設置する場合

　事業者内部に設置する場合、設置先の部署に限定はなく、人事権限を
有する人事部門に設置することも可能です。内部公益通報受付窓口を人
事部門に設置することの是非については、指針検討会においても、意見
が分かれたところであり、人事権がある部署に通報することを躊躇する

者もいるため、人事部門に設置することを許容すべきではないという意見[48]がある一方、人事権があるから不利益を行う可能性があるとの意見には特段の根拠はない、規模が大きくはない事業者では管理系の部門が人事やコンプライアンス業務を同時に担っている場合もあることに配慮すべき等の意見もありました[49]。内部公益通報を促すためには、客観的に公正さが確保されているかということだけではなく、内部公益通報をしようとする者からどのように見えるかという「見た目」が重要であるところ、人事部門は、人事に関する権限を持っていることから、「今後の昇進にあたり通報をしたことが考慮されるのではないか」と懸念する者がいるという意見にも一理あります。そのため、指針の解説8頁（本書192頁）でも、「人事部門に内部公益通報受付窓口を設置することが妨げられるものではないが、<u>人事部門に内部公益通報をすることを躊躇する者が存在し</u>、そのことが通報対象事実の早期把握を妨げるおそれがあることにも留意する。」とされています。他方で、先ほど紹介した人事部門に置く必要性を示す意見等を踏まえて、「人事部門に内部公益通報受付窓口を設置することが妨げられるものではない」とされています。

b　事業者外部に設置する場合

　事業者外部に内部公益通報受付窓口を設置する場合には、その旨を内部公益通報受付窓口を設置する事業者の側において、「あらかじめ定め」る措置が必要です（法第2条第1項柱書参照）。特に、企業グループ共通の窓口を設置している場合、共通窓口を設置している会社の側においては、子会社の労働者等からの通報を受け付けているものの、子会社側において共通窓口を自社の窓口として指定していないケースもあるので、注意が必要です。指針の解説8頁脚注13（本書192頁）においても、「子会社や関連会社において、企業グループ共通の窓口を自社の内部公益通報受付窓口とするためにはその旨を子会社や関連会社自身の内部規程等において「あらかじめ定め」ることが必要である（法第2条第

48）意見募集への回答別表9〜10頁掲載の御意見の概要でも同様の意見が見られます。
49）「第3回 公益通報者保護法に基づく指針等に関する検討会 議事要旨」1〜3頁参照

１項柱書参照)。」とされています。「あらかじめ定め」る方法について
は、内部規程に限定されるものではなく、決裁、通達その他事業者の裁
量により選択する方法により適宜決定するとの理解[50]で支障ありませ
ん。他方で、あくまで窓口を設置する事業者の側で定める必要がありま
す。上記の例でいえば、子会社や関連会社の側において定める行為をす
る必要があり、子会社や関連会社の従業員等が閲覧することができるイ
ントラネット等において親会社等があらかじめ周知すること[51]で足り
るわけではありません。

　事業者外部に内部公益通報窓口を設置する場合、設置先に限定はない
ことから、「内部公益通報受付窓口」として必要な要素を備える限りに
おいて、日本国外の親会社又は日本国外の親会社が委託する国外の事業
者に設置すること[52]も可能です。この場合、日本国内の子会社におい
て、日本国外の親会社の窓口の担当者を従事者として定めること（若し
くは定めることを委託すること）や、範囲外共有防止措置等の指針に定め
る措置をとる必要があります。なお、国外の親会社の窓口担当者を従事
者として定めた場合、当該担当者が国外において公益通報者特定情報を
漏らした場合、刑事罰が科されるかという問題があります。法12条・
21条には国外犯処罰規定がないことから、日本国内で漏らしたと評価
できない限りは、刑事罰は負わないと考えられます[53]。

　内部公益通報受付窓口は一つだけ設置すれば足り、例えば、社内に内
部公益通報受付窓口を設置していれば、社外に設置する必要はありませ
ん。他方で、同じ職場の人に通報をしたことが知られたくない（通報窓
口担当の人が配転されて同僚や部下、上司になる可能性がある）という指摘
はよく耳にするところであり、そういった思いを抱く方からの情報も得
るためには、内部だけではなく、全くの第三者である外部の者にも通報
できるルートを作っておいた方が望ましいといえます。

c　複数の窓口を設けている場合

　当然のことではありますが、社内又は社外に複数の通報・相談窓口を設けている場合、これら窓口の全てについて内部公益通報受付窓口としての実質を備えさせる必要はありません。例えば、社内窓口と社外窓口の二つを設置している場合に、社内窓口において内部公益通報受付窓口としての実質を備えていれば、社外窓口に内部公益通報受付窓口としての実質がなくとも指針には違反しません。

　内部公益通報受付窓口の対象を内部公益通報だけに限定する必要はなく、また、内部公益通報を内部公益通報受付窓口以外の窓口で受け付けることも可能です[54]。指針の解説7頁（本書191頁）でも「組織の実態に応じて、内部公益通報受付窓口が他の通報窓口（ハラスメント通報・相談窓口等）を兼ねることや、内部公益通報受付窓口を設置した上、これとは別に不正競争防止法違反等の特定の通報対象事実に係る公益通報のみを受け付ける窓口を設置することが可能である。」とされています。

イ　「当該窓口に寄せられる内部公益通報を受け、調査をし、是正に必要な措置をとる部署及び責任者を明確に定める」

㈎　「当該窓口に寄せられる内部公益通報を受け、調査をし、是正に必要な措置をとる部署及び責任者」

　「当該窓口に寄せられる内部公益通報を受け、調査をし、是正に必要な措置をとる部署及び責任者」とは、内部公益通報受付窓口を経由した内部公益通報に係る公益通報対応業務について管理・統括する部署及び責任者をいいます[55]。内部公益通報受付窓口を経由した内部公益通報に限定されていますので、職制上のレポーティングラインを経由した情報について公益通報対応業務を行う部署までは作る必要はありません（もちろん、このような部署を任意で作ることは自由です。）。

　受付、調査、是正に必要な措置の全てを管理・統括する部署を作る必

---

54)　他方で、内部公益通報を部門横断的に受け付ける場合、その窓口は内部公益通報受付窓口になるといえます。

55)　指針の解説7頁（本書191頁）

要はなく、それぞれの対応について管理・統括する部署及び責任者を設ければ足ります。例えば、調査や是正に必要な措置を行う部署及び責任者について、内部公益通報受付窓口を所管し、内部公益通報を受け付ける部署や責任者とは異なるものとすることは可能です。もっとも、責任の所在を明確にし、公益通報対応業務を実効的に行うためには、これら三つの機能（受付、調査、是正）の全てを統括する部署及び責任者を定めることが望ましいといえます。

㈦　「明確に定める」

　「明確に定める」とは、組織規程等において、部署及び責任者を明確にすることを意味します。指針（第4.3(4)）では、「この指針において求められる事項について、内部規程において定め、また、当該規程の定めに従って運用する。」と規定しているため、単に事実上部署及び責任者を設けただけでは足りず、内部規程において部署及び責任者を定める必要があります。

　また、指針の解説7頁（本書191頁）では、定めるに際して、「調査・是正措置の実効性を確保するための措置を講ずることが必要である。」とされており、この例として、「公益通報対応業務の担当部署への調査権限や独立性の付与、必要な人員・予算等の割当等の措置が考えられる。」とされています。

　さらに、指針の解説8頁脚注13（本書192頁）では、「企業グループ共通の窓口を設けた場合であっても、当該窓口を経由した公益通報対応業務に関する子会社や関連会社の責任者は、子会社や関連会社自身において明確に定めなければならない。」とされており、内部公益通報受付窓口を外部に設けた場合であっても、子会社内においても担当の部署及び責任者を明確にすることが求められています。「明確に」についてどの程度の内容が求められているか[56]は明らかではありませんが、上述のとおり、少なくとも、内部規程（組織規程、職務権限規程等）において

─────────────
56）意見募集への回答別表11頁掲載の御意見の概要参照

明確にしておく必要があります。

　公益通報対応業務の一部を外部に委託することは可能ですが、調査業務や是正措置の提案を含めて委託している場合であっても、委託先との連絡調整をする部署、連絡を受けて対応方針を協議したり、最終的な是正措置の決定をする部署が必要になることが通常です。一部でも公益通報対応業務を行うのであれば、その部署及び責任者は事業者内においても定める必要があるといえます。例えば、子会社が親会社に設置されたグループ共通の窓口を通じた公益通報対応業務の運用を親会社に委託している場合において、親会社において調査や是正に必要な措置を主体的に検討をするとしても、法人格が別である以上、子会社と何も連絡調整をせずに、子会社の役職員に対する調査や是正措置を実施することはできないといえるため、外部窓口を親会社に委託した子会社の側においても、公益通報対応業務を管理・統括する責任者は定める必要があるといえます[57]。

　内部公益通報受付窓口の部署及び責任者については、定めないことができるという例外が指針に記載されていないことから、必要が生じた都度定めれば足りるものではなく[58]、常時定められている必要があるといえます。

(3)　その他の推奨される考え方や具体例

ア　窓口設置の際の工夫

　指針の解説 8 頁（本書 192 頁）では、内部公益通報受付窓口を設置する場合には、例えば、以下のような措置を講じ、経営上のリスクにかかる情報を把握する機会の拡充に努めることが望ましいとされています。

① 　子会社や関連会社における法令違反行為の早期是正・未然防止を図るため、企業グループ本社等において子会社や関連会社の労働者等及び役員並びに退職者からの通報を受け付ける企業グループ共通の窓口を設置すること

57）意見募集への回答別表 12 頁掲載の消費者庁の考え方参照
58）意見募集への回答別表 12 頁掲載の御意見の概要参照

② 　サプライチェーン等におけるコンプライアンス経営を推進するため、関係会社・取引先を含めた内部公益通報対応体制を整備することや、関係会社・取引先における内部公益通報対応体制の整備・運用状況を定期的に確認・評価した上で、必要に応じ助言・支援をすること

③ 　中小企業の場合には、何社かが共同して事業者の外部（例えば、法律事務所や民間の専門機関等）に内部公益通報受付窓口を委託すること

④ 　事業者団体や同業者組合等の関係事業者共通の内部公益通報受付窓口を設けること

　このうち、②から④については、元々民間事業者向けガイドラインにおいて示されていた事項が移設されたものであり、指針の解説において新たに示された事項ではありません。

　②については、直接の取引先事業者の従業員からの通報については、内部公益通報に当たり得ることから、指針上（第 4-1（3））対応する必要があります。直接の取引先ではない事業者（二次下請等）や、関係会社の従業員からの通報については、指針上対応が求められているわけではありませんが、我が国の「ビジネスと人権に関する行動計画」（外務省、2021 年 10 月 16 日）において、サプライチェーンにおける人権侵害の防止が求められているところ、直接の取引先ではない事業者の従業員からの通報も、サプライチェーンにおいて生じた違法行為を把握するための重要な手段であることから、対応することが望ましいといえるでしょう。

　③については、中小企業にとっては、外部窓口に委託する費用の負担が特に重いところ、当該負担を軽減するための策として提案がされているものです。

　④については、事業者団体や同業者組合には、競業他社の出向者がおり、そのような団体に自社の機密情報が流れることについて抵抗がある旨の指摘もされています。

イ　利用しやすい環境の整備

　指針の解説 7 頁脚注 12（本書 191 頁）では、「経営上のリスクに係る情報が、可能な限り早期にかつ幅広く寄せられるようにするため、内部公益

通報受付窓口の運用に当たっては、敷居が低く、利用しやすい環境を整備することが望ましい。」とされています。こちらも元々民間事業者向けガイドラインにおいて示されていた事項が移設されたものであり、窓口への通報は利用者の任意・善意で行われるものであることから、利用が促進されるためには、利用者目線で、利用しやすい環境を整備することが望ましいという趣旨のものです。

ウ　職制上のレポーティングラインにおける適正な対応

指針の解説7頁脚注12（本書191頁）では、「実効性の高い内部公益通報対応体制を整備・運用するとともに、職場の管理者等（公益通報者又は公益通報を端緒とする調査に協力した者の直接又は間接の上司等）に相談や通報が行われた場合に適正に対応されるような透明性の高い職場環境を形成することが望ましい。」とされています。こちらも元々民間事業者向けガイドラインで示されていた事項が移設されたものです。内部公益通報は職場の上司に対しても行われるものであるところ、この際に職場の上司が隠蔽等を行い是正しなければ、法令遵守という法の目的が達せられないことから、このような状況は避けることが望ましいという趣旨のものです。

2　組織の長その他幹部からの独立性の確保に関する措置

組織の長その他幹部からの独立性の確保に関する措置について、指針本文（第4.1(2)）では以下のように規定されています。

> 1　事業者は、部門横断的な公益通報対応業務を行う体制の整備として、次の措置をとらなければならない。
> (2)　組織の長その他幹部からの独立性の確保に関する措置
> 　　内部公益通報受付窓口において受け付ける内部公益通報に係る公益通報対応業務に関して、組織の長その他幹部に関係する事案については、これらの者からの独立性を確保する措置をとる。

(1)　指針の趣旨

この指針本文の趣旨について、指針の解説8頁（本書192頁）では、「組織の長その他幹部が主導・関与する法令違反行為も発生しているところ、これらの者が影響力を行使することで公益通報対応業務が適切に行われない事態を防ぐ必要があること、これらの者に関する内部公益通報は心理的ハードルが特に高いことを踏まえれば、組織の長その他幹部から独立した内部公益通報対応体制を構築する必要がある」とされています。

すなわち、①組織の長らの影響力による不公正な対応の防止（法令の遵守）、②組織の長らに関する通報対象事実に係る内部公益通報の促進（法令の遵守）の2点が主な趣旨になります。

(2)　逐条解説

ア　「内部公益通報受付窓口において受け付ける内部公益通報に係る公益通報対応業務に関して」

あくまで「内部公益通報受付窓口において受け付ける内部公益通報に係る公益通報対応業務に関して」求められる措置であり、内部公益通報受付窓口を経由せずに職制上のレポーティングライン等において行われた内部公益通報には適用されません。

指針の解説9頁（本書193頁）では、「複数の窓口を設ける場合にはそれらのうち少なくとも一つに関する公益通報対応業務に独立性を確保する方法等、事業者の規模に応じた方法も考えられる。」とされており、複数の内部公益通報受付窓口を設けている場合に、その一つについて独立性確保措置がとられていれば、全ての窓口について独立性を確保していなかったとしても、指針の違反にはなりません。他方で、複数の窓口のうち一つが独立性を有していても、通報した窓口が独立性を欠いていた場合、調査等が妨害される危険があり[59]、仮にそのような事態が後日明るみになった際にはレピュテーションの低下につながることから、組織の長又は幹部の情報を受け付けるルートの全てにおいて独立性を確保する措置をとることが望ましいといえます。

59）意見募集への回答別表13頁掲載の御意見の理由参照

イ　「組織の長その他幹部に」

　「組織の長」とは、「幹部」より上の立場の者として、代表取締役社長等の事業者の長が想定されており、特定の部門の長にとどまる者は想定されていません。

　「幹部」とは、役員等の事業者の重要な業務執行の決定を行い又はその決定につき執行する者を指します[60]。役員「等」とあるので、必ずしも法２条１項の役員（取締役、理事等）に限定されず、例えば、執行役員も含まれ得ることになりますが、あくまで、公益通報対応業務に影響を及ぼし得る程度の立場の者が想定されています。

ウ　「関係する事案については」

　「関係する事案」とは、その事案に対する公益通報対応業務の在り方によって、組織の長その他役員の利害に影響が及ぶ事案をいいます。自らが被通報者となっている事案が典型といえます（この場合、利益相反排除措置により、直接公益通報対応業務に関与することが妨げられるとともに、独立性確保措置により、影響力を排除した形で公益通報対応業務が行われる必要があります）。

　組織の長の場合、抽象的には全ての事案について関与しているといえますが、指針の趣旨を踏まえると、社会的非難の対象となり得る不祥事等、社会通念上、影響力を行使して公益通報対応業務の公正さを歪めるおそれが高いといえる事案でなければ、「関係する事案」にはあたらないと考えられます。

エ　「これらの者からの独立性を確保する措置をとる」

　「これらの者からの独立性を確保する措置をとる」とは、組織の長その他幹部からの影響力が及ばない状況を作るということです。

　「確保する措置」は、公益通報対応業務の全ての場面において求めら

60）指針の解説脚注14（本書192頁）

れ、組織の長の指揮命令系統に属しない窓口に受付機能を持たせるだけで
はなく、調査及び是正に関しても独立性を確保する措置をとることが求め
られます。指針の解説 8 頁脚注 15（本書 192 頁）でも「上記指針本文が求め
る措置は、内部公益通報受付窓口を事業者の外部に設置すること等により内
部公益通報の受付に関する独立性を確保するのみならず、調査及び是正に
関しても独立性を確保する措置をとることが求められる。」とされています。

　指針の解説 9 頁（本書 193 頁）では、独立性を確保する方法の具体例と
して、以下の方法が例示されています。

　①　「社外取締役や監査機関（監査役、監査等委員会、監査委員会等）に
　　　も報告を行うようにする」方法

　②　「社外取締役や監査機関からモニタリングを受けながら公益通報対
　　　応業務を行う[61]」方法

　③　「内部公益通報受付窓口を事業者外部（外部委託先、親会社等）に設
　　　置する」方法

　このうち、③については、外部窓口に調査・是正措置の権限がなく、単
に情報をコンプライアンス部門に情報を共有するというものでしかない場
合には、外部窓口を設置していることをもって独立性確保措置がとられて
いるとはいえず、コンプライアンス部門における調査・是正措置について
独立性が確保されている必要があります。また、子会社が親会社の通報窓
口を利用している場合であっても、親会社の代表取締役が子会社の代表取
締役を兼務している場合などにおいては、別途措置が必要であることが指
摘されています[62]。

　また、上記①～③の例示は、あくまで独立性を確保する方法の一例であ
り、独立性を確保する方法はこれらに限定されるわけではありません。ま
た、これらのいずれかを行っていれば常に独立性を確保する措置がとられ
ているといえるわけではないことに注意が必要です。形式的にこれらの措

第 3 章

61）この場合でも、監査機関の事案への関与が組織の長その他幹部よりも後になってしまう
　と、組織の長その他幹部による証拠隠滅等の調査妨害がなされ、監査機関によるモニタリン
　グの実効性が損なわれるおそれがある旨の指摘がされています（意見募集への回答別表 15
　頁掲載の御意見の理由参照）
62）意見募集への回答別表 14 頁掲載の消費者庁の考え方参照

置がとられていても、実質的に組織の長らの影響力が排除されていない状況であれば、独立性を確保する措置がとられているとはいえません。

オ　その他の推奨される考え方や具体例

指針の解説9頁脚注16（本書193頁）では、「法第11条第2項について努力義務を負うにとどまる中小事業者においても、組織の長その他幹部からの影響力が不当に行使されることを防ぐためには、独立性を確保する仕組みを設ける必要性が高いことに留意する必要がある。」と指摘し、法的義務を負わない中小事業者においても、独立性確保措置をとることを推奨しています。

また、前述のとおり、独立性を確保する方法として、外部窓口の設置が挙げられていますが、指針の解説9頁（本書193頁）では、外部窓口の設置の在り方について、以下のような例示がされています。

➤　企業グループ本社等において子会社や関連会社の労働者等及び役員からの通報を受け付ける企業グループ共通の窓口を設置すること

➤　関係会社・取引先を含めた内部公益通報対応体制を整備することや、関係会社・取引先における内部公益通報対応体制の整備・運用状況を定期的に確認・評価した上で、必要に応じ助言・支援をすること

➤　中小企業の場合には、何社かが共同して事業者の外部（例えば、法律事務所や民間の専門機関等）に内部公益通報窓口を委託すること

➤　事業者団体や同業者組合等の関係事業者共通の内部公益通報受付窓口を設けること

このほか、指針の解説9頁脚注17（本書193頁）では、外部窓口への設置に際しては、顧問弁護士に委託する場合にとることが望まれる措置や、中立性・公正性に疑義が生じるおそれ又は利益相反が生じるおそれがある法律事務所や民間の専門機関等の起用は避けることについても留意すべきとされています。

③　公益通報対応業務の実施に関する措置

公益通報対応業務の実施に関する措置について、指針本文（第4.1(3)）で

は以下のように規定されています。

> 1　事業者は、部門横断的な公益通報対応業務を行う体制の整備として、次の措置をとらなければならない。
>
> ⑶　公益通報対応業務の実施に関する措置
>
> 　　内部公益通報受付窓口において内部公益通報を受け付け、正当な理由がある場合を除いて、必要な調査を実施する。そして、当該調査の結果、通報対象事実に係る法令違反行為が明らかになった場合には、速やかに是正に必要な措置をとる。また、是正に必要な措置をとった後、当該措置が適切に機能しているかを確認し、適切に機能していない場合には、改めて是正に必要な措置をとる。

⑴　指針の趣旨

　この指針本文の趣旨について、指針の解説10頁（本書194頁）では、「法の目的は公益通報を通じた法令の遵守にあるところ（法第1条）、法令の遵守のためには、内部公益通報に対して適切に受付、調査が行われ、当該調査の結果、通報対象事実に係る法令違反行為が明らかになった場合には、是正に必要な措置がとられる必要がある。また、法令違反行為の是正後に再度類似の行為が行われるおそれもあることから、是正措置が機能しているか否かを確認する必要もある。少なくとも、公益通報対応業務を組織的に行うことが予定されている内部公益通報受付窓口に寄せられた内部公益通報については、このような措置が確実にとられる必要がある。」とされています。

　すなわち、内部公益通報について適切に受付、調査、是正に必要な措置がとられること（法令の遵守）が主な趣旨になります。

⑵　逐条解説

ア　「内部公益通報受付窓口において」

　「内部公益通報受付窓口において」とあるとおり、あくまで内部公益通報受付窓口において受け付ける内部公益通報に係る公益通報対応業務に関して求められる措置であり、内部公益通報受付窓口を経由せずに職制上の

レポーティングライン等を経由した内部公益通報には適用がされない規制です。そのため、例えば、職場の上司に対して公益通報をしたものの、職場の上司がこれを受け付けず調査をしなかったというだけでは、指針に違反することにはなりません[63]。

イ　「内部公益通報を」

「内部公益通報を」とあり、通報が内部公益通報に当たる場合に限定されています。

例えば、匿名であっても、内部公益通報には該当し得るところ、匿名である内部公益通報について、受け付けない場合、調査しない場合、是正措置をとらない場合には、指針に違反します。指針の解説10頁（本書194頁）では、匿名の公益通報者と連絡を取る方法として、以下の方法が例示されています。

➢　受け付けた際に個人が特定できないメールアドレスを利用して連絡するよう伝える

➢　匿名での連絡を可能とする仕組み（外部窓口から事業者に公益通報者の氏名等を伝えない仕組み、チャット等の専用のシステム等）を導入する

また、通報者において、通報対象事実の是正を求める意思がなかった場合であっても公益通報には該当することから[64]、単に情報提供の趣旨で寄せられたにすぎない内部公益通報についても、受付、調査、是正に必要な措置をとる必要があります。

ウ　「受け付け……る」

「受け付け」とは、制度上、当該通報を内部公益通報受付窓口において取り扱う対象とした上で、当該通報を受領することをいいます。平たくいえば、門前払いをしないということです。

例えば、客観的に内部公益通報といえる通報について、制度の対象では

---

63) 仮に職場の上司が内部公益通報受付窓口であると法的に評価される場合には、公益通報対応業務を行う必要があり、内部公益通報を受け付けないことは指針に違反します。

64) 解説改正公益通報者保護法119頁

ないとして受け付けない旨の連絡を通報者にした場合には、受け付けたとは評価できません。真実相当性がなく、是正に必要な措置の対象とならない場合であっても、内部公益通報である以上、受け付ける必要があります。

エ　「正当な理由がある場合を除いて、必要な調査を実施する。」
　㋐　「必要な調査を」
　　「必要な調査」とは、証拠を収集し、事実認定を行う作業のことをいいます。この「調査」については、関係者へのヒアリングや物証の収集等のある程度の規模のものが必要と誤解されている方が多いのではないかと思います [65]。しかし、この「調査」は、法13条1項の調査 [66] と同一と解され、調査の方法は事業者の裁量に委ねられており、特定の措置が一律に義務付けられるわけではありません。更なる調査の要否を検討するために、文書の内容を読んだり、通報者の話を聞くなどして、内容の信憑性等を確認すること [67] も調査にあたるといえます。通報の内容によっては（例えば、内部公益通報であると主張する通報であるものの、主張内容に通報対象事実に該当する事実がない場合等）、通報文書を読むだけ、通報者の話を聞くだけでも、調査をしたと評価される場合もあるといえます。他方で、通報者の主張内容に通報対象事実に該当する事実が認められ、主張内容が具体的であり、信用性が相当程度高いといえるにもかかわらず、文書を読むだけで、引き続きの事実確認のための措置をとらない場合には、「必要な調査」を行ったと評価できない場合もあるといえます。その通報を受けた際に、社会通念（常識）から期待される程度の事実確認のための措置をとったといえるかどうかが問題になるといえます。

　㋑　「実施する」
　　「実施する」とは、必要な調査を行う義務があるということを意味します。例えば、通報として寄せられた文書を読まずに捨てた等の場合は

65）意見募集への回答別表15頁以下掲載の御意見の概要、御意見の理由参照
66）消費者庁消費者制度課編『逐条解説 公益通報者保護法』（商事法務、2016）173頁参照
67）意見募集への回答別表15頁掲載の御意見の理由参照

調査を行ったとは評価できないといえます。

　内部公益通報者が調査を行わないよう求めている場合にまで、調査を実施する必要があるといえるかが問題となります。公益通報者はあくまで情報の提供者であり、事案について調査を行うか否かを判断する権限を有しているわけではなく、当該情報を活用して調査を行う必要がある事案であるか否かを判断する権限はあくまで事業者にあります[68]。また、公益通報対応業務に従事する者に通報者の意向に反して調査をすることについての委縮効果を生じさせないようにし、公益を図る必要があります[69]。このような観点から、指針の解説10頁（本書194頁）では、「公益通報者の意向に反して調査を行うことも原則として可能である。」としています。もっとも、事業者内において内部公益通報が活発に行われるようになるためには、個々の事案において内部公益通報者の満足度を高め、内部通報対応体制に対する信頼を高めることが重要ですので、内部公益通報者の意向は、可能な限り尊重する必要があります。そのため、指針の解説10頁では、「内部公益公益通報者の意向に反して調査を行う場合においても、調査の前後において、公益通報者とコミュニケーションを十分にとるよう努め、プライバシー等の公益通報者の利益が害されないよう配慮することが求められる。」とされています。また、事案によっては、公益通報者が調査を望まないことを調査を行わない「正当な理由」（(ウ)参照）の一つと位置付けることができると考えられます（例えば、ハラスメント事案で通報者だけが被害を被っている事案の場合）。

　なお、指針案に対する意見募集手続においては、公益通報者の内部公益通報によれば、明らかに別の社員による法令違反が発生しているが、公益通報者が調査のための情報開示の要求に応じない場合の対処方法について質問がされています[70]。あくまで法律論ではあり、その妥当性については検討する必要がありますが（通報義務の妥当性と類似の問題です[71]）、

68）内部公益通報受付窓口に寄せられた内部公益通報について正当な理由なく調査を行わない場合には体制整備等義務に違反します。
69）「第5回 公益通報者保護法に基づく指針等に関する検討会 議事要旨」3頁参照
70）意見募集への回答別表26頁掲載の御意見の概要参照
71）通報義務については解説改正公益通報者保護法253頁参照

仮に内部公益通報者が労働者であれば、業務命令として情報の提供を求めることも考えられます。

㋒　「正当な理由がある場合を除いて」

　「正当な理由」がある場合には、調査を実施しないことが許容され、指針の解説 10 頁（本書 194 頁）では、この場合の例として、

①　解決済みの案件に関する情報が寄せられた場合

②　公益通報者と連絡がとれず事実確認が困難である場合

　が挙げられています。

　このうち、①については、指針の解説 10 頁において、「解決済みの案件か否かについては、解決に関する公益通報者の認識と事業者の認識が一致しないことがあるが、解決しているか否かの判断は可能な限り客観的に行われることが求められる。また、一見、法令違反行為が是正されたように見えても、案件自体が再発する場合や、当該再発事案に関する新たな情報が寄せられる場合もあること等から、解決済みといえるか、寄せられた情報が以前の案件と同一のものといえるかについては慎重に検討する必要がある。」とされており、単に同じ通報者から同じような内容の通報が来たというだけで、対応をしないと結論付けることは適当ではありません。

　②については、あくまで「事実確認が困難である場合」であり、例えば、匿名通報のため公益通報者と連絡がとれない場合であっても、匿名で提供された情報を手掛かりに調査が可能な場合には、事実確認が困難な場合であるとはいえず、それだけでは調査を行わない正当な理由があるとはいえないと考えられます。

　このほか、ハラスメント被害者からの通報等の被害者のプライバシー保護の必要性が高い事案[72] において、公益通報者が明示的に調査を拒否する場合や通報そのものを撤回する場合等の公益通報者が調査を望まない場合[73] についても、通報対象事実の是正の必要性が高度ではない

72）意見募集への回答別表 25 頁掲載の御意見の概要参照
73）意見募集への回答別表 26 頁掲載の御意見の概要参照

場合（例えば、通報者だけが被害を受けており態様の悪質性が高いとはいえないハラスメント事案で、通報者が取り下げを求めている場合等）には、「正当な理由」があるといえると考えられます。

オ　「当該調査の結果、通報対象事実に係る法令違反行為が明らかになった場合には、速やかに是正に必要な措置をとる。」

「当該調査の結果」とあるため、内部公益通報受付窓口経由の調査を経ずに明らかになった事実（例えば、レポーティングラインを経由して不祥事が明らかになった場合、報道により不祥事が明らかになった場合等）について、是正措置をとることは、本指針では直接には求められてはいません。

「通報対象事実に係る法令違反行為が明らかになった場合」とは、事業者において、通報対象事実に係る法令違反行為の事実が認定できた場合を意味します。事実が認定できない場合まで措置をとることが求められるわけではありませんが、例えば、ハラスメント事案で事実が認定できないままでも、精神上のダメージが著しく大きいと考えられる場合に暫定的に引き離し措置をとる等、事実認定を経ずに一定の措置をとることが客観的に必要な場合もあり、こうした場合には、一定の措置をとることが望ましいといえます。

「速やかに」とは、特定の期間が想定されているものではありませんが、事実認定後、是正に必要な措置をとるまでに間が空いている場合、その間が空いている理由を消費者庁長官や裁判所に対して説明する必要が生じます。

「是正に必要な措置」とは、調査結果を踏まえた法令の遵守を確保するために必要となる措置です。指針の解説11頁（本書195頁）では、「調査の結果、法令違反等が明らかになった場合には、例えば、必要に応じ関係者の社内処分を行う等、適切に対応し、必要があれば、関係行政機関への報告等を行う。」とされていますが、これらはあくまで例示であり、是正に必要な措置の内容は事案に応じて多種多様なものが想定されます。例えば、違法行為の停止措置、被害拡大の防止措置（周知、製品回収等）、関係行政機関への報告、対外公表（プレスリリース、記者会見、ステークホル

ダーへの個別説明等）、件外調査、非違行為を行った者への処分（人事処分、懲戒処分、損害賠償請求、退職金の不支給・返還請求、刑事告訴等）、根本原因の究明、再発防止策の策定等多岐にわたる内容が想定されます[74]。

　是正に必要な措置を「とる。」とは、是正に必要な措置をとることが義務付けられることを意味しています。例えば、重大な非違行為について、調査の結果、事実認定に足るだけの十分な証拠が確保でき、かつ、処分を妨げる合理的な理由がないにもかかわらず、処分を行わない場合等は、是正に必要な措置がとられていないと評価されると考えられます。

カ　「是正に必要な措置をとった後、当該措置が適切に機能しているかを
　　確認し、適切に機能していない場合には、改めて是正に必要な措置をと
　　る。」

　「是正に必要な措置をとった後」について、是正に必要な措置をとる前の確認は、あくまで是正に必要な措置の一環と考えられることから、是正に必要な措置をとった後の対応を求めているものです。

　「当該措置が適切に機能しているかを確認」に関し、確認する方法の例として、指針の解説10頁（本書194頁）では、

➤　是正措置から一定期間経過後に能動的に改善状況に関する調査を行
　　う方法

➤　特定の個人が被害を受けている事案においては問題があれば再度申
　　し出るよう公益通報者に伝える方法

が挙げられています。この点について、指針案に対する意見募集手続では、措置後何年間の確認が求められるかなど、どのような内容やどの程度の確認を要するかの基準または事例につき、指針の解説で明確にして欲しいといった御意見がありました[75]。具体的な期間については、指針には明確な定めはなく、事業者の裁量に委ねられているところですが、消費者庁長官や裁判所に対して、なぜその期間を設定したのか、なぜそのような確認方法をとったのかについて、社会通念に照らして合理的な説明ができ

74）解説改正公益通報者保護法237頁
75）意見募集への回答別表26頁掲載の御意見の概要参照

111

る程度の措置をとることが求められるものであり、施策の効果・妥当性を
よく検討した上で実施する必要があります。

　「適切に機能してない場合には」とは、是正に必要なものとして行った
措置が、当該措置をとった当時の予定どおりに実施されていない場合のほ
か、実施されてはいるものの当該措置をとった当時の予定どおりに効果が
発揮されていない場合を指します。

　「改めて是正に必要な措置をとる」とは、前の措置をとった当時の予定
どおりに実施されていない場合には、予定どおりに実施することが考えら
れます。これに対して、前の措置をとった当時の予定どおりに効果が発揮
されていない場合には、前の措置を繰り返しても意味がないことから、改
めて効果的な措置を検討の上、実施する必要があります。この新たにとっ
た措置についても、「是正に必要な措置をとった後、当該措置が適切に機
能しているかを確認し、適切に機能していない場合には、改めて是正に必
要な措置をとる。」ことが求められることから、是正に必要な措置の機能
が現実に発揮されるまで、確認→是正措置→確認→是正措置を繰り返す必
要があります。

　キ　その他

　[1](2)イ(ア)で述べたように（96頁以下）、受付、調査、是正に必要な措置
を統括・管理する部署及び責任者について、それぞれ別のものにすること
は可能です。そのため、受付、調査、是正に必要な措置がそれぞれ別の部
署及び責任者の下で行われていたとしても、指針に反する対応とはいえま
せん。

(3)　その他の推奨される考え方

　事業者のリスクに関する情報を速やかに発見し、除去できることが望ま
しいことから、指針の解説11頁（本書195頁）では、以下のように、内部公益
通報に該当しない内部通報についても、受付、調査、是正に必要な措置、機
能の有無の確認等の措置をとることが望ましいとされています。

➢　コンプライアンス経営を推進するとともに、経営上のリスクに係る情報

の早期把握の機会を拡充するため、内部公益通報受付窓口の利用者及び通報対象となる事項の範囲については、例えば、以下のように幅広く設定し、内部公益通報に該当しない通報についても公益通報に関する本解説の定めに準じて対応するよう努めることが望ましい。

・通報窓口の利用者の範囲：法第2条第1項各号に定める者のほか、通報の日から1年より前に退職した労働者等、子会社・取引先の従業員（退職した者を含む）及び役員

・通報対象となる事項の範囲：法令違反のほか、内部規程違反等

また、同じ趣旨から、指針の解説11頁では、以下のように、内部公益通報受付窓口を経由しない内部公益通報についても、受付、調査、是正に必要な措置、機能の有無の確認等の措置をとることが望ましいとしています。

➢　内部公益通報受付窓口を経由しない内部公益通報を受けた労働者等及び役員においても、例えば、事案の内容等に応じて、自ら事実確認を行い是正する、公益通報者の秘密に配慮しつつ調査を担当する部署等に情報共有する等の方法により、調査や是正に必要な措置を速やかに実施することが望ましい。

4　**公益通報対応業務における利益相反の排除に関する措置**

公益通報対応業務における利益相反の排除に関する措置について、指針本文（第4.1(4)）では以下のように規定されています。

> 1　事業者は、部門横断的な公益通報対応業務を行う体制の整備として、次の措置をとらなければならない。
> (4)　公益通報対応業務における利益相反の排除に関する措置
> 　　内部公益通報受付窓口において受け付ける内部公益通報に関し行われる公益通報対応業務について、事案に関係する者を公益通報対応業務に関与させない措置をとる。

(1)　**指針の趣旨**

この指針本文の趣旨について、指針の解説12頁（本書196頁）では、「内

113

部公益通報に係る事案に関係する者が公益通報対応業務に関与する場合には、中立性・公正性を欠く対応がなされるおそれがあり（内部公益通報の受付や調査を行わない、調査や是正に必要な措置を自らに有利となる形で行う等）、法令の遵守を確保することができない。少なくとも、内部公益通報受付窓口に寄せられる内部公益通報については、実質的に公正な公益通報対応業務の実施を阻害しない場合を除いて、内部公益通報に係る事案に関係する者を公益通報対応業務から除外する必要がある。」としています。すなわち、内部公益通報について、中立公正に受付、調査、是正に必要な措置がとられるようにし、法令の遵守を確保すること（法令の遵守）が主な趣旨になります。

(2) 逐条解説

ア 「内部公益通報受付窓口において受け付ける」

「内部公益通報受付窓口において」とあるとおり、あくまで内部公益通報受付窓口において受け付ける内部公益通報に係る公益通報対応業務に関して求められるものであり、内部公益通報受付窓口を経由せずに職制上のレポーティングライン等を経由した内部公益通報には適用がされません。そのため、例えば、職場の上司が関与した事案について、当該上司が部下から指摘を受け自ら是正措置をとることは体制整備等義務に反する措置とはいえません[76]。

利益相反の排除に関しては、指針検討会においても、規制の範囲を広げることについて慎重な意見があったことから、内部公益通報受付窓口に限定をしたものです。

イ 「内部公益通報に関し」

「内部公益通報に関し」とあり、通報が内部公益通報に当たる場合に限定されています。例えば、内部公益通報受付窓口に寄せられた社内規程違反の通報やハラスメントの通報が公益通報にあたらない場合には、当該通報について、事案に関与している者が調査に携わったとしても、指針には

---

76) 仮に職場の上司が内部公益通報受付窓口として定められていた場合には、公益通報対応業務を行う必要があり、内部公益通報を受け付けないことは指針に反する措置といえます。

違反しません。

　一見不合理なようではありますが、あくまで、指針は体制整備等義務（法 11 条 2 項）の大要を示したものであり、体制整備義務は「公益通報」（法 2 条 1 項）に適用される規制であるという性質上、このような結論となります（指針に反しないというだけで、このような対応が適切かは別途検討する必要があります）。

ウ　「公益通報対応業務について」

　「公益通報対応業務」とは、法 11 条 1 項に定める「公益通報対応業務」をいい、内部公益通報を受け、並びに当該内部公益通報に係る通報対象事実の調査をし、及びその是正に必要な措置をとる業務をいいます[77]。

　内部公益通報受付窓口における受付、その後の調査、是正に必要な措置の全ての場面において利益相反の排除が求められることになります。

エ　「事案に関係する者を」

　「事案に関係する者」とは、その者の関与により公正な公益通報対応業務の実施を阻害する者をいいます[78]。指針の解説 12 頁脚注 24（本書 196 頁）では、典型例として、「法令違反行為の発覚や調査の結果により実質的に不利益を受ける者、公益通報者や被通報者（法令違反行為を行った、行っている又は行おうとしているとして公益通報された者）と一定の親族関係がある者等」が挙げられています。

　「事案に関係する者」は調査の進展状況に応じて変化するとされており[79]、受付の時点では事案に関係しなかった者であっても、調査に進んだ時点において事案に関係した場合には、少なくとも、その時点では、公益通報対応業務から排除する必要があります。

　指針の解説 12 頁（本書 196 頁）では、「想定すべき「事案に関係する者」の範囲については、内部規程において具体的に例示をしておくことが

77）指針本文第 2「用語の説明」
78）指針解説 12 頁脚注 24
79）意見募集への回答別表 26 頁掲載の消費者庁の考え方参照

望ましい。」とされています。これは、予め明確にしておかないと、具体的な検討場面に遭遇した際に、迅速かつ的確な判断ができないおそれがあること、また、忖度をして、本来排除すべきである者であるにもかかわらず、理屈を付けて関与させるという事態が生じかねないからです。

オ　「公益通報対応業務に関与させない措置をとる」

　「関与させない措置」とは、実質的に公正な公益通報対応業務の実施を阻害しない措置をとることです。

　具体例について、指針の解説 12 頁（本書 196 頁）では、「例えば、「事案に関係する者」を調査や是正に必要な措置の担当から外すこと等が考えられる。受付当初の時点では「事案に関係する者」であるかが判明しない場合には、「事案に関係する者」であることが判明した段階において、公益通報対応業務への関与から除外することが必要である。」とされています。

　このほか、一定の類型に該当する場合には調査に関与できない旨のルールを設定し、当該類型に該当するか否かを、逐一調査に関与することが予定されている者に尋ねて（チェックシートに記入する方法もあります）確認することなども考えられます（単にルールを設定し、自己申告に委ねているだけだと、自発的に明らかにされない可能性もあります）。

　また、指針の解説 12 頁（本書 196 頁）では、「ただし、「事案に関係する者」であっても、例えば、公正さが確保できる部署のモニタリングを受けながら対応をする等、実質的に公正な公益通報対応業務の実施を阻害しない措置がとられている場合には、その関与を妨げるものではない。」とされています。これは、調査に不可欠な知識を持っており、その者の関与なしには調査が進められない場合や、立場・役職上、是正措置に関与することが不可欠である場合等、事案に関係する者が公益通報対応業務に関与することが法令遵守のためにむしろ必要な場合も想定され、そのような場合に、一律に関与を妨げる趣旨ではないことを明確にしたものです。この「モニタリングを受けながら対応」というのは、あくまで実質的に公正な公益通報対応業務の実施を阻害しない措置の一例であり、これに限られるものではありませんし、また、形式的にモニタリングを行っていたとして

も、当該モニタリングを行う部署が、事案に関係する者との独立性を有しない場合等には、実質的に公正な公益通報対応業務の実施を阻害しない措置がとられていることにはならず、指針に反する場合があります。この点については、法令違反行為の発覚や被通報者と一定の親族関係のある者が関与した場合、いかなる措置をとろうとも中立性・公正性を欠く対応がなされるおそれを払拭することが難しいとの指摘もあり、もし社内に事案に関係する者以外に適切に調査等を行うことができる人物がいないのであれば、外部の弁護士等に調査を委託することが適切といえます[80]。

　関与させない措置を「とる」とは、措置をとることが義務付けられることを意味します。

(3)　その他の推奨される考え方や具体例

ア　顧問弁護士について

　指針の解説 12 頁（本書 196 頁）では、顧問弁護士について言及があり、「いわゆる顧問弁護士を内部公益通報受付窓口とすることについては、顧問弁護士に内部公益通報をすることを躊躇する者が存在し、そのことが通報対象事実の早期把握を妨げるおそれがあることにも留意する。また、顧問弁護士を内部公益通報受付窓口とする場合には、例えば、その旨を労働者等及び役員並びに退職者向けに明示する等により、内部公益通報受付窓口の利用者が通報先を選択するに当たっての判断に資する情報を提供することが望ましい。」とされています。

　これは、指針検討会において顧問弁護士を内部公益通報受付窓口とすることに否定的な意見[81]があったことから、当該意見を踏まえて記載されたものです。顧問弁護士であるというだけで直ちに事案に関係する者ということはできず、利益相反排除措置の対象になるわけではありませんが、顧問弁護士については、特に労務関係に関する通報等、会社と労働者の利

80）意見募集への回答別表 27 頁掲載の御意見の理由参照
81）「第 3 回 公益通報者保護法に基づく指針等に関する検討会 議事要旨」4 頁、「第 4 回 公益通報者保護法に基づく指針等に関する検討会 議事要旨」2 頁、「第 5 回 公益通報者保護法に基づく指針等に関する検討会 議事要旨」3 頁参照

害が真っ向から対立する事案を扱う場合に、会社の味方をするのではないかという懸念を通報をしようとする者に抱かせ、それが通報の阻害要因となるため、可能であれば避けるべきとされています。また、場合によっては、弁護士職務基本規程27条及び28条（職務を行い得ない事件）の問題も生じることになりますが、顧問弁護士であるというだけで同条に反するとはいえず、通報者への説明の内容、通報者への対応の態様等、諸般の事情を考慮して判断されることになるでしょう。

　指針の解説では、そもそも「顧問弁護士」とは何かが明らかにされていません。一般的には、顧問契約に基づき、月々の顧問料を支払うことにより、顧問契約先の業務全般につき、法律問題の相談・調査、契約書の作成・検討などの業務を行う弁護士のことをいいます[82]。しかし、日常的な法律相談全般にわたって相談に応じるというケースは、企業規模が大きくなるほど少なくなっていくため、この定義によると、規模が大きい企業から相談を受けている弁護士は、顧問弁護士にあたらないことになります。他方で、単に事業者から継続的に委託を受けている弁護士とした場合、通報窓口業務のみ委託を受けて継続的に担当する弁護士も、形式的には会社から費用を貰って会社のために業務を提供している以上、「顧問」ということになってしまいます。この問題は、結局は、顧問弁護士が客観的に公正な対応を行うか否かという問題というよりも、通報者の側からみて信用できる「見た目」を確保できるかどうかという問題であるといえ、信用できる見た目になっているかという観点から検討していく必要があります。

　指針の解説12頁では、「顧問弁護士を内部公益通報受付窓口とする場合には、例えば、その旨を労働者等及び役員並びに退職者向けに明示する等により、内部公益通報受付窓口の利用者が通報先を選択するに当たっての判断に資する情報を提供する」とされていますが、通報者に提供する情報については、通報者が安心できるような内容のものでなければ、通報を躊躇するという事態に繋がりかねないため、注意が必要です（とはいえ、客

---

[82]　神奈川県弁護士会ウェブサイト参照
　　https://www.kanaben.or.jp/consult/introduce/intro07/index.html

観的に事実と異なる情報を提供することは許容されません)。そのため、利益相反が生じないようにするためにどのような措置をとっているのか、通報後どのように情報が取り扱われて、是正措置に至るのか等を、具体的に労働者等に対して明らかにすることで、不公正な対応がされるのではないかとの懸念を払拭することが望ましいといえます。

　なお、指針の解説12頁では、「内部公益通報事案の事実関係の調査等通報対応に係る業務を外部委託する場合には、事案の内容を踏まえて、中立性・公正性に疑義が生じるおそれ又は利益相反が生じるおそれがある法律事務所や民間の専門機関等の起用は避けることが適当である。」とされています。これは、民間事業者向けガイドラインが指針の解説に統合されたことに伴い、これまで民間事業者向けガイドラインで示されていた内容と同じ内容が示されたものです。この記載の趣旨は、中立公正を欠く対応が行われることを避けることにより、法令遵守を確保しようというものですが、「中立性・公正性に疑義が生じるおそれ又は利益相反が生じるおそれがある法律事務所」は必ずしも顧問弁護士を指すものではありません。

イ　その他

　特に、会社と潜在的な対立関係が生じ得る労務関係の通報について通報対応をする際には、窓口担当者は、通報者から依頼を受けて代理をする立場ではなく、中立公正な第三者的立場で対応するものであることを何らかの形で伝え(言い方に気を付ける必要はあります)、窓口担当者の立場について通報者に誤解が生じないようにすることも必要といえます。

第2　公益通報者を保護する体制の整備

1　不利益な取扱いの防止に関する措置[83]

不利益な取扱いの防止に関する措置について、指針本文(第4.2(1))では

---

83) 指針解説13～14頁参照

以下のように規定されています。

2　事業者は、公益通報者を保護する体制の整備として、次の措置をとらなければならない。

(1)　不利益な取扱いの防止に関する措置

　　イ　事業者の労働者及び役員等が不利益な取扱いを行うことを防ぐための措置をとるとともに、公益通報者が不利益な取扱いを受けていないかを把握する措置をとり、不利益な取扱いを把握した場合には、適切な救済・回復の措置をとる。

　　ロ　不利益な取扱いが行われた場合に、当該行為を行った労働者及び役員等に対して、行為態様、被害の程度、その他情状等の諸般の事情を考慮して、懲戒処分その他適切な措置をとる。

---

(1)　指針の趣旨

　この指針本文の趣旨について、指針の解説13頁（本書197頁）では、「労働者等及び役員並びに退職者が通報対象事実を知ったとしても、公益通報を行うことにより、不利益な取扱いを受ける懸念があれば、公益通報を躊躇することが想定される。このような事態を防ぐためには、労働者及び役員等による不利益な取扱いを禁止するだけではなく、あらかじめ防止するための措置が必要であるほか、実際に不利益な取扱いが発生した場合には、救済・回復の措置をとり、不利益な取扱いを行った者に対する厳正な対処をとることを明確にすることにより、公益通報を行うことで不利益な取扱いを受けることがないという認識を十分に労働者等及び役員並びに退職者に持たせることが必要である。」とされています。

　すなわち、内部公益通報の躊躇を防ぎ、内部公益通報を促すこと（内部公益通報の促進）が主な趣旨になります。

(2)　逐条解説（イについて）

　「事業者の労働者及び役員等が不利益な取扱いを行うことを防ぐための措置をとるとともに、公益通報者が不利益な取扱いを受けていないかを把握す

る措置をとり、不利益な取扱いを把握した場合には、適切な救済・回復の措置をとる。」について解説します。

ア　「事業者の労働者及び役員等が」

　防止措置等の対象となる不利益な取扱いの主体は「事業者の労働者及び役員等が」とされています。法3条以下では不利益な取扱いの主体は「事業者」と規定されていますが、事業者が法人の場合には、実際に不利益な取扱いを行う者は法人内の労働者、役員等の自然人であるところ、この法人内の自然人のうち、どの者の行為が事業者の行為として想定されるのかが条文上明記されていません[84]。これに対して、指針では、「労働者及び役員等」としており、労働者、役員のほか、法第2条第1項に定める「代理人その他の者」が不利益な取扱いの主体となることを明確にしています。そのため、少なくとも、体制整備等義務の履行にあたっては、これら「代理人その他の者」からの不利益な取扱いを防ぐ等の措置もとる必要があります。

　この「代理人その他の者」のうち、「その他の者」とは、職務に従事する義務の有無や形式上の地位・呼称にかかわらず、現実に当該事業に従事している者で、列挙されている役員、従業員、代理人以外の者を指し、かなり広い範囲の者が含まれます[85]。

イ　「不利益な取扱いを行うことを防ぐための措置をとるとともに」
㋐　「不利益な取扱いを」

　「不利益な取扱い」とは、指針「第2　用語の説明」では、「公益通報をしたことを理由として、当該公益通報者に対して行う解雇その他不利益な取扱いをいう。」と定義されています。

　「公益通報者に対して」とあり、内部公益通報をした者に限定されていないことから、例えば、2号通報や3号通報を理由とした不利益な取扱いについても措置をとる必要があります[86]。

84）解説改正公益通報者保護法165頁参照
85）解説改正公益通報者保護法100頁参照

　　また、この用語の説明の定義をそのまま読むと、法3条各号の要件を満たさない公益通報を理由とする不利益な取扱い（例えば、真実相当性のない情報を報道機関に公益通報をしたことを理由とする不利益な取扱い）についても防止等の措置をとる必要があるといえます。他方で、就業規則にそのまま、「公益通報を理由とする公益通報者に対する不利益な取扱いをしてはならない」と書いた場合、法3条各号の要件を満たさない場合でも、労働契約において不利益な取扱いが禁止されることになるので、注意が必要です [87] [88]。

　　「不利益な取扱い」には、少なくとも法5条で禁止される「不利益な取扱い」は含むことになるため、ハラスメント等の精神的苦痛を与える不利益な取扱いや、一度限りの退職勧奨等のそれ自体では適法な行為についても防止等の措置をとる必要があります [89]。

　　指針の解説13頁（本書197頁）では、「不利益な取扱い」の内容としては、法第3条から第7条までに定めるものを含め、例えば、以下のようなもの等が考えられるとして、具体例を示しています。

➢　労働者等たる地位の得喪に関すること（解雇、退職願の提出の強要、労働契約の終了・更新拒否、本採用・再採用の拒否、休職等）

➢　人事上の取扱いに関すること（降格、不利益な配転・出向・転籍・長期出張等の命令、昇進・昇格における不利益な取扱い、懲戒処分等）

➢　経済待遇上の取扱いに関すること（減給その他給与・一時金・退職金

86）指針の解説14頁（本書198頁）においても、「法第2条に定める「処分等の権限を有する行政機関」や「その者に対し当該通報対象事実を通報することがその発生又はこれによる被害の拡大を防止するために必要であると認められる者」に対して公益通報をする者についても、同様に不利益な取扱いが防止される必要があるほか、範囲外共有や通報者の探索も防止される必要がある。」とされています。

87）就業規則上の合理性・周知性が認められる規定は、労働契約の内容となります（労働契約法7条及び10条）。

88）当該規定に違反した不利益取扱いは、少なくとも労働契約上の債務不履行となり違法となるといえますが、それを超えて無効となるかは議論があるところです（嫌がらせ等の事実行為の場合は無効か否かは問題となりませんが、懲戒処分や配転等の法律行為の場合は無効か否かが問題となります）。就業規則は労働契約の内容とはなるものの、労働契約法のような強行法規ではないことから、無効とはならないという見方があり得る一方、違法状態を継続することは許されないとして無効となるという見方もあり得るといえます。

89）解説改正公益通報者保護法166頁参照

等における不利益な取扱い、損害賠償請求等）

➤　精神上・生活上の取扱いに関すること（事実上の嫌がらせ等）

　これらの例示は、これまで民間事業者向けガイドラインに示されていた事項であり、新規性があるものではありません。

　内部通報制度について既にある程度の取組がされている事業者であれば、内部通報に対して慎重に対応することが通常ですので、解雇や降格等のあからさまな不利益な取扱いが行われる可能性は必ずしも高くはないといえます。しかし、ハラスメント等の精神的苦痛を与える不利益な取扱いについては、その態様について様々なものが想定され、これを行い得る主体も多数いることが想定されることから、意識の高い事業者内においても、行われる可能性は高いといえます。そのため、ハラスメント等の精神的苦痛を与える行為も含め禁止されることを強調することが望ましいといえます。

(イ)　「行うことを防ぐための措置」

　不利益な取扱いを行うことを「防ぐための措置」の具体的な内容は、様々なものが考えられ、各社の創意工夫により検討していく必要があります。「防ぐための措置」の例として、指針の解説13頁（本書197頁）では、以下の措置が挙げられています。

➤　労働者等及び役員に対する教育・周知

➤　内部公益通報受付窓口において不利益な取扱いに関する相談を受け付けること

➤　被通報者が、公益通報者の存在を知り得る場合には、被通報者が公益通報者に対して解雇その他不利益な取扱いを行うことがないよう、被通報者に対して、その旨の注意喚起をする等の措置を講じ、公益通報者の保護の徹底を図ること

　また、指針の解説には例示されていませんが、不利益な取扱いに対して、重い懲戒処分を行うなど厳正に対処し、それを公表することも、不利益な取扱いを抑止するための重要な方法といえます。このほか、被通報者が通報を契機に発覚したことを知っている場合には、被通報者に通

123

報者への不利益な取扱いをしないよう命じる措置も有用といえます（他方で、被通報者において通報を契機とした調査であることを把握していない場合には、このような確認を行うことで、通報を契機とした調査であることが知られてしまうおそれがあるため、このような措置をとらないようにすべきです。このような場合には、例えば、一般的な注意事項を渡し、その中に書き込むことも考えられます）。

　自分が正当と考えて行った行為について、不正である旨の申告をされるという行動をとられた際に、申告をされた者が申告をした者に対し敵対心を抱くことは、社会通念からみて通常起こり得ることであるといえます。また、不利益な取扱いとして想定される行為の内容は相当広く、行うことに対するハードルが低いものもあります。そのため、「何も対策をとらなければ、公益通報を理由とする不利益な取扱いが起こる」という意識を持って、慎重に対策をとることが必要です。

　なお、指針の解説13頁脚注25（本書197頁）には、「（公益通報者だけでなく、）調査協力者に対しても、調査に協力をしたことを理由として解雇その他の不利益な取扱いを防ぐ措置をとる等、本項の定めに準じた措置を講ずることが望ましい。」との記載があります。調査協力者の情報提供が公益通報の要件を満たす場合には、本指針により防ぐための措置等が直接必要になる一方、上記記載は「望ましい」として推奨事項と位置付けているにとどまることから、上記記載は、調査協力者の協力が公益通報にあたらない場合を指しているといえます。

ウ　「公益通報者が不利益な取扱いを受けていないかを把握する措置をとり」
　「不利益な取扱いを受けていないかを把握する措置」は一般的にはフォローアップと呼ばれていますが、この措置の例として、指針の解説14頁（本書198頁）では、「例えば、公益通報者に対して能動的に確認する、不利益な取扱いを受けた際には内部公益通報受付窓口等の担当部署に連絡するようその旨と当該部署名を公益通報者にあらかじめ伝えておく等が考えられる。」とされています。

　このほか、不利益な取扱いの相談を受け付ける窓口を設け、かつ、相談

のハードルを下げる工夫を行う等して、不利益な取扱いを探知しやすくすることも考えられます。

　もっとも、不利益な取扱いを受けた者の自主的な申告・相談を待つだけの方法だと、不利益な取扱いを受けた人が、本当は救済して欲しいと思っているものの訴えても無駄だと思って泣き寝入りをする等、不利益な取扱いが必ずしも探知できない場合もあります[90]。「不利益な取扱いを受けた人には救済の機会が保障されているので問題ないのでは」との見方もあり得るところですが、不利益な取扱いを受けたまま泣き寝入りをしている状態が放置されたままですと、それを見た周りの社員は、通報をしようと思わなくなりますので、不利益な取扱いを受けた通報者の申告の有無にかかわらず、不利益な取扱いは早急に探知して、是正することが望ましいといえます（もちろん、担当者の人員等のリソースの関係から限界もあるため、その点も考慮した上で対応することが望まれます）。

　なお、把握する措置をとる主体は事業者ではあるものの、外部に委託することも可能です。他方で、公益通報者特定情報を必要最小限の範囲を超えて共有してはならないため（指針本文第4.2⑵イ）、把握する措置を外部に委託することについて、内部公益通報者の同意を得る等の対応を行う必要があるといえます。

エ　「不利益な取扱いを把握した場合には、適切な救済・回復の措置をとる」
　㋐　「不利益な取扱いを把握した場合には」
　　「不利益な取扱いを把握した場合」とは、公益通報者から不利益な取扱いを受けた旨の相談をされたことを指すのではなく、<u>公益通報を理由とする不利益な取扱いであると客観的にいえるもの</u>を把握した場合を指します。そのため、相談の初期段階等で、公益通報を理由とする不利益な取扱いであるか否かを通常は判断できない状況において、直ちに現実の回復措置をとることが求められているわけではありません。しかし、

---

90) 通報者が不利益な取扱いを受けた時点で、通報者において、窓口からの情報漏洩等が一因ではないかと考えて、窓口に行かない可能性がある旨の指摘がされています（意見募集への回答別表35頁掲載の御意見の理由参照）

それが客観的に公益通報を理由とする不利益な取扱いであり、現実の救済が適切といえる場合に、何も対応をしなければ体制整備等義務違反（違法）となることから、事業者としては、公益通報を理由とする不利益な取扱いであるか否かを、積極的に調査し判断する必要があります。「公益通報を理由とする」か否かの判断は難しく、行為者が認めていない場合には、事実認定を行う作業が必要になります[91]。

(イ)　「適切な救済・回復の措置をとる」

　「適切な救済・回復の措置」とは、例えば、原状回復を行う、場合によっては損害を賠償するなどの様々な方法が考えられます。まずは通報者本人の意向をよく確認した上で、実現可能性、社会通念に照らした妥当性等の観点から具体案を検討することになるといえます。

　また、法3条2号に定める要件を満たさずに2号通報をした者や、法3条3号の要件を満たさずに3号通報をした者に対して、これらの公益通報を理由として不利益な取扱いが行われた場合には、個別事情を踏まえて、現実の救済をしないことも「適切な救済・回復の措置」に当たると考えられます。

(3)　逐条解説（ロについて）

　「不利益な取扱いが行われた場合に、当該行為を行った労働者及び役員等に対して、行為態様、被害の程度、その他情状等の諸般の事情を考慮して、懲戒処分その他適切な措置をとる。」について解説します。

　ア　「不利益な取扱いが行われた場合に」とは

　「不利益な取扱いが行われた場合に」とは、公益通報者から不利益な取扱いを受けた旨の相談をされたことを指すのではなく、公益通報を理由とする不利益な取扱いであると客観的にいえるものが行われた場合を指します。そのため、相談の初期段階等で、公益通報を理由とする不利益な取扱いであるか否かを通常は判断できない状況において、行為者に対して直ちに懲戒処分等の措置をとることが求められてはいません。しかし、公益通

---

91) 解説改正公益通報者保護法136頁〜137頁参照

報者から不利益な取扱いを受けたとの相談があり、それが客観的に公益通報を理由とする不利益な取扱いである場合に、何も対応をしなければ、指針に違反することから、事業者としては、公益通報を理由とする不利益な取扱いであるか否かを、積極的に調査し判断する必要があります。

　これまでは、公益通報を理由とする不利益な取扱いであるか否かが疑わしいケースでは、懲戒処分を行った場合には事実認定の誤りにより当該処分が違法無効となるリスクがある一方（労働契約法15条）、懲戒処分を行わなかった場合にはそのようなリスクがないことから、懲戒処分をすることに謙抑的になっていたケースもあるといえます（複数の第三者からの具体性のある証言を得ていたにもかかわらず、加害者とされる者が事実を認めないことを理由に処分をしない等）。他方で、今後は、公益通報を理由とした不利益な取扱いが行われた場合に懲戒処分等の措置をとらなければ体制整備等義務違反（違法）となることから、事実認定を正確に行う必要性（客観的に懲戒処分の対象となるといえる事案については、懲戒処分を行う必要性）が高まったといえます。

イ　「当該行為を行った労働者及び役員等に対して」

　「当該行為を行った労働者及び役員等に対して」とあり、労働者だけではなく、役員、代理人その他の者に対しても、「適切な措置」をとることが求められます。

　役員、代理人その他の者は労働者ではないことから、懲戒処分の根拠規定の定めがある就業規則が直ちに契約内容となるわけではありませんので[92]、適切な措置として懲戒処分以外の選択肢を検討する必要があります。仮に委任契約・業務委託契約等において、不利益な取扱いを行った際の制裁規定があれば、当該規定に基づき、それがない場合には、民法、会社法その他の法律に基づく措置や、別途行う合意に基づく措置をとる必要

92）労働者の場合には、労働契約法7条及び10条の規定があることから、事業者が一方的に定める就業規則の内容が会社・労働者間の契約の内容となりますが、役員、代理人その他の者には労働契約法が適用されないことから、事業者の側で一方的に懲戒規程を定めたとしても、当該規定に服する旨の個別合意（黙示の合意も想定されます）がない限り、役員、代理人その他の者と会社間の契約内容にはならないといえます。

があります。措置の内容は、典型的には、役員であれば解任、降格、報酬の返上や辞任を求める、代理人その他の者であれば、損害賠償請求、契約の解除等が想定されます。

ウ　「行為態様、被害の程度、その他情状等の諸般の事情を考慮して」

　懲戒処分その他適切な措置として、どのようなものを選択するかに際しては、行為の悪質性、被害の程度等を十分に考慮する必要があります。

　例えば、明らかに公益通報を理由として悪質な不利益な取扱いを行い、反省の態度もなく、再度同じ行為を繰り返すと述べている者に対して、懲戒処分を行わず厳重注意にとどめる場合には、体制整備等義務に違反するといえます。これに対して、行為態様に照らして重すぎる措置をとることも、労働契約法（3条5項、14～16条）等との抵触が生じます。例えば、公益通報を理由として嫌がらせ行為を行ったものの、その態様の悪質性が高いとはいえない場合に、行為者を懲戒解雇することは、労働契約法15条及び16条に違反する可能性が高いといえます。

　また、懲戒処分その他適切な措置として、「何もしない」という選択肢も想定されます。例えば、真実相当性なく報道機関に事実と異なる情報を公益通報した結果[93]、当該事案が報道され、風評被害を被ったことから、当該公益通報を理由に低い人事評価を行ったというケースでは、当該人事評価を行った者に対して何もしないことも適切な措置といえるでしょう。

　不利益な取扱いを行った労働者及び役員等に対する懲戒処分の権限を行使する者が通報者に対して懲戒処分等の不利益な取扱いを行った者と同一となる可能性がある旨の指摘もありますが[94]、仮に、同一の者が処分を行った場合であっても、その内容が妥当ではない場合には、消費者庁長官による行政措置の対象となりますので、行政措置に向けた調査を行う過程で、処分の妥当性について消費者庁長官による検討が行われることになります。

93）このような行為は、法5条により保護される行為ではありませんが、少なくとも指針の文言上は、保護措置等が求められる不利益な取扱いにあたり得ます。
94）意見募集への回答別表35頁掲載の御意見の概要参照

エ　「懲戒処分その他適切な措置をとる」

　「懲戒処分その他適切な措置」とは、懲戒処分に限られず、降格・配転等の人事権の行使、口頭注意等の事実上の行為も含まれます。**ウ**で述べたとおり何もしないことが適切な措置にあたる場合も想定されます。

(4)　推奨される考え方

　指針では、事業者の労働者等又は役員等による不利益な取扱いの防止措置は求められているものの、事業者の取引先の労働者等又は役員が公益通報者であった場合[95] に、事業者の取引先による当該労働者等又は役員への不利益な取扱いの防止措置までは求められていません（なお、取引先は自身の労働者等又は役員に対する不利益な取扱い防止措置をとる必要があります）。他方で、サプライチェーンにおける人権侵害防止の必要性から、取引先の労働者等又は役員による公益通報も促す必要があり（第1 **1**(3)ア（98頁以下））、これらの者に対する取引先による不利益な取扱いをも防止していくことが望ましいといえます。

　このような観点も踏まえて、指針の解説14頁（本書198頁）では、「関係会社・取引先からの通報を受け付けている場合において、公益通報者が当該関係会社・取引先の労働者等又は役員である場合には、通報に係る秘密保持に十分配慮しつつ、可能な範囲で、当該関係会社・取引先に対して、例えば、以下のような措置等を講ずることが望ましい。」とされています。

➢　公益通報者へのフォローアップや保護を要請する等、当該関係会社・取引先において公益通報者が解雇その他不利益な取扱いを受けないよう、必要な措置を講ずること

➢　当該関係会社・取引先において、是正措置等が十分に機能しているかを確認すること

　上記のような措置を実効的に行うためには、事業者間の契約の際に締結する書面上に上記のような措置をとることができる旨を規定することが有用といえます。

95）法2条1項3号及び4号ロ参照

② 範囲外共有等の防止に関する措置

　範囲外共有等の防止に関する措置について、指針本文（第4.2(2)）では以下のように規定されています。

> 　2　事業者は、公益通報者を保護する体制の整備として、次の措置をとらなければならない。
> (2)　範囲外共有等の防止に関する措置
> 　イ　事業者の労働者及び役員等が範囲外共有を行うことを防ぐための措置をとり、範囲外共有が行われた場合には、適切な救済・回復の措置をとる。
> 　ロ　事業者の労働者及び役員等が、公益通報者を特定した上でなければ必要性の高い調査が実施できないなどのやむを得ない場合を除いて、通報者の探索を行うことを防ぐための措置をとる。
> 　ハ　範囲外共有や通報者の探索が行われた場合に、当該行為を行った労働者及び役員等に対して、行為態様、被害の程度、その他情状等の諸般の事情を考慮して、懲戒処分その他適切な措置をとる。

(1) 指針の趣旨

　この指針本文の趣旨について、指針の解説14頁（本書198頁）では、「労働者等及び役員並びに退職者が通報対象事実を知ったとしても、自らが公益通報したことが他者に知られる懸念があれば、<u>公益通報を行うことを躊躇することが想定される</u>。このような事態を防ぐためには、範囲外共有や通報者の探索をあらかじめ防止するための措置が必要である。特に、実際に範囲外共有や通報者の探索が行われた場合には、実効的な救済・回復の措置を講ずることが困難な場合も想定されることから、範囲外共有や通報者の探索を防ぐ措置を徹底することが重要である。また、そのような場合には行為者に対する厳正な対処を行うことにより、<u>範囲外共有や通報者の探索が行われないという認識を十分に労働者等及び役員並びに退職者に持たせる</u>ことが必要である。」とされています。

　すなわち、内部公益通報をしたことが他者に知られる懸念を払拭することにより、内部公益通報を促進すること（内部公益通報の促進）が主な趣旨になります。

(2)　逐条解説（イについて）

　「事業者の労働者及び役員等が範囲外共有を行うことを防ぐための措置をとり、範囲外共有が行われた場合には、適切な救済・回復の措置をとる。」について解説をします。

ア　「事業者の労働者及び役員等が」

　防止措置をとる対象は「事業者の労働者及び役員等が」とされています。すなわち、内部公益通報受付窓口の担当者に限られないのは当然のこと、上司等の労働者、役員、代理人その他の者による範囲外共有についても、防止措置をとる必要があります[96]。公益通報者の職場の管理者や調査協力者[97]についても、これらの者が労働者、役員、代理人その他の者のいずれかに該当する限り、範囲外共有の防止措置をとる必要があります。また、社内調査等におけるヒアリングの対象者、職場環境を改善する措置に職場内において参加する労働者、製造物の品質不正事案に関する社内調査において品質の再検査を行う者等[98]は、公益通報対応業務を行う者ではないとして、従事者として指定されるべき者には該当しないといえますが、このような者についても、労働者、役員、代理人その他の者に該当する限り、範囲外共有の防止措置をとる必要があります。

　代理人その他の者には、内部公益通報受付窓口に関する外部委託先も含みます[99]（外部窓口を法律事務所や民間事業者に委託している場合の、当該法

---

[96]　指針の解説15頁（本書199頁）においても、指針を遵守するための考え方として、「内部公益通報受付窓口の担当者以外の者（いわゆる上司等）も内部公益通報を受けることがある。これら内部公益通報受付窓口の担当者以外の者については、従事者として指定されていないことも想定されるが、その場合であっても、事業者において整備・対応が求められる範囲外共有等を防止する体制の対象とはなるものであり、当該体制も含めて全体として範囲外共有を防止していくことが必要である。」とされています。
[97]　意見募集への回答別表35頁掲載の御意見の概要参照
[98]　意見募集への回答別表36頁掲載の御意見の概要参照
[99]　指針の解説15頁脚注28（本書199頁）

律事務所や民間事業者が想定されます）。そのため、事業者は、外部窓口の委託を受ける法律事務所の弁護士や通報専門会社の職員等による範囲外共有についても防止措置をとる必要があります。

　外部窓口の委託を受ける法律事務所の弁護士や通報専門会社の職員は、通常は従事者として指定され、従事者守秘義務を負うことになりますが、指定されていない場合でも範囲外共有防止措置に伴う守秘義務を負うことになります。なお、従事者守秘義務違反は故意犯ですが、体制整備等義務では、過失による漏洩についても防止措置をとる必要があります。

イ　「範囲外共有」とは
　「範囲外共有」とは、公益通報者を特定させる事項を必要最小限の範囲を超えて共有する行為をいいます[100]。
　㋐　「公益通報者を特定させる事項」
　　「公益通報者を特定させる事項」とは、指針の解説5頁脚注6（本書189頁）では、「公益通報をした人物が誰であるか「認識」することができる事項をいう。」「「認識」とは刑罰法規の明確性の観点から、公益通報者を排他的に認識できることを指す。」とされています。
　　法12条の従事者守秘義務と異なり、ここでは「公益通報対応業務に関して知り得た事項であって」という限定がないことから、必ずしも業務上知った情報に限られません。たまたま私生活において誰が公益通報者[101]であるかを知った場合についても、その情報が必要最小限の範囲を超えて共有されることを防止する措置をとる必要があります。
　　公益通報者を排他的に認識できる情報である必要があることから、例えば、男性4名、女性係長2名、女性課員2名の部署において、「女性係長から通報がありました」と述べた場合[102]、直ちに特定されるとは

100）指針本文「第2　用語の説明」参照
101）ここでいう公益通報者は、あらゆる公益通報者を指すものではなく、あくまで当該労働者・役員・退職者の役務提供先の事業者に係る不正行為について公益通報をした者を指しています。そのため、自己の役務提供先とは異なる事業者の不正行為について公益通報をした者の情報を必要最小限の範囲を超えて漏らしたとしても、範囲外共有にはあたりません。
102）意見募集への回答別表36頁掲載の御意見の概要参照

いえないとして、公益通報者を特定させる事項を共有したとはいえないようにも思えます。しかし、述べた相手によっては、他の情報と合わせて女性係長のうちのどちらが通報したのか排他的に認識できる場合があり、その者との関係では、公益通報者を特定させる事項を必要最小限の範囲を超えて共有したということになり得ます。

　「公益通報」であることが前提になりますので、公益通報にあたらないハラスメントの相談を受けた場合に、この相談者の情報を必要最小限の範囲を超えて共有したとしても、範囲外共有にあたりません。なお、ハラスメントであっても、内容によっては公益通報にあたる場合があり、この場合、範囲外共有の規制が及ぶことから注意が必要です。

(イ)　「必要最小限の範囲を超えて共有する行為」

　「必要最小限の範囲を超えて共有する行為」とは基本的には法12条の正当な理由なく漏らす行為と同等の行為と考えられており、法12条の「正当な理由」があるといえる場合には、必要最小限の範囲を超えて共有をしたとはいえません。例えば、コンプライアンス部門の担当者が、弁護士に通報対応を相談するにあたり、コンフリクトチェックのために内部公益通報をした者の氏名を共有する場合、コンフリクトチェックは法令（弁護士法25条等）の違反を防止するために求められるものであり、かつ、弁護士は法令上守秘義務を負っていること（弁護士法23条、刑法134条1項）を踏まえると、当該コンプライアンス部門の担当者が従事者であったとしても、通常は、法12条の「正当な理由」があるといえますし、指針上も「必要最小限の範囲」内の共有といえ、範囲外共有にはあたらないといえます。

　共有の必要性があるだけではなく、最小限の範囲の共有であることが求められます。例えば、グループ本社に設置する内部公益通報受付窓口との情報共有や、同一事業者内に複数の内部公益通報受付窓口が存在する場合における当該窓口間の情報共有[103]であっても、公益通報者の同意なく氏名も含めて全ての情報を共有する取扱いは、範囲外共有となるリ

---

103)　意見募集への回答別表38頁掲載の御意見の概要参照

スクが高いと考えられます。他方で、例えば、リスクマネジメント（コンプライアンス）委員会や取締役会において、通報者の名前が伏せられる前提で内部公益通報の事案や調査結果に係る正確な情報を共有し、対応や再発防止策について議論すること[104]は、仮に、当該委員会や取締役会限りにおいて、公益通報者特定情報を共有される事態に至ったとしても、必要最小限の範囲内の共有と評価できる場合が一般的であると考えられます。

　範囲外共有とならない場合（情報共有が許される場合）については、具体例を規程において明示した上で、バスケットクローズを置くことが、公益通報者とのトラブルを避けるにあたり有用といえます。

ウ　「防ぐための措置」

　「防ぐための措置」の具体的な内容は、様々な方法が想定され、各社の創意工夫により検討することが求められています。

　指針の解説15頁（本書199頁）では、範囲外共有を防ぐための措置として、以下のとおり、多岐にわたる具体例が挙げられており[105]、取組が進んでいる事業者にとってはいわば常識といえるものから、取組が進んでいる事業者であっても実施が困難といえるようなものまで含まれています。

　あくまで、一例ですので、これら全てを実施しなくとも体制整備等義務が履行されたと評価される場合はありますし、逆に、具体的事情によっては、「望ましい」とされている事項を履行していないにとどまる場合や、具体例の全てを履行している場合においても、体制整備等義務が履行されていないと評価される場合も想定されます[106]。この意味では、指針の解説16頁（本書200頁）以下に「その他に推奨される考え方や具体例」としても紹介されている事項も「防ぐための措置」の具体例と位置付けることができるため、以下ではこの例も併せて紹介しています。

104）意見募集への回答別表37頁掲載の御意見の概要参照
105）指針検討会において議論されたものだけではなく、民間事業者向けガイドラインにおいて従来示されていたものについても併せて指針の解説において紹介されています。
106）指針の解説2頁（本書186頁）では、事業者のとるべき措置の具体的内容は、個別事情に応じて異なり得るとされています。

【記録の保管方法に関するもの】

➢　通報事案に係る記録・資料を閲覧・共有することが可能な者を必要最小限に限定し、その範囲を明確に確認する

➢　通報事案に係る記録・資料は施錠管理する

➢　公益通報に関する記録の保管方法やアクセス権限等を規程において明確にする

➢　公益通報に係る情報を電磁的に管理している場合には、公益通報者を特定させる事項を保持するため、例えば、以下のような情報セキュリティ上の対策等を講ずる。

　　◇　当該情報を閲覧することが可能な者を必要最小限に限定する

　　◇　操作・閲覧履歴を記録する

【社内教育に関するもの】

➢　公益通報者を特定させる事項の秘匿性に関する社内教育を実施する。

【公益通報者との連絡方法に関するもの】

➢　内部公益通報受付窓口を経由した内部公益通報の受付方法としては、電話、FAX、電子メール、ウェブサイト等、様々な手段が考えられるが、内部公益通報を受け付ける際には、専用の電話番号や専用メールアドレスを設ける、勤務時間外に個室や事業所外で面談する等の措置を講ずる。

【受付時の取組等について】

➢　外部窓口を設ける場合、例えば、公益通報者を特定させる事項は、公益通報者を特定した上でなければ必要性の高い調査が実施できない等のやむを得ない場合を除いて、公益通報者の書面や電子メール等による明示的な同意がない限り、事業者に対しても開示してはならないこととする等の措置を講ずる。

➢　公益通報の受付時には、例えば、範囲外共有を防ぐために、通報事案に係る記録・資料に記載されている関係者（公益通報者を含む。）の固有

名詞を仮称表記にする。

➤　公益通報者本人からの情報流出によって公益通報者が特定されることを防止するため、自身が公益通報者であること等に係る情報管理の重要性を、公益通報者本人にも十分に理解させる。

【調査の端緒が公益通報であることを知られないようにするための措置】

➤　調査の端緒が内部公益通報であることを関係者に認識させない工夫としては、例えば、以下のような措置等が考えられる。

◇　抜き打ちの監査を装う

◇　該当部署以外の部署にもダミーの調査を行う

◇　（タイミングが合う場合には、）定期監査と合わせて調査を行う

◇　核心部分ではなく周辺部分から調査を開始する

◇　組織内のコンプライアンスの状況に関する匿名のアンケートを、全ての労働者等及び役員を対象に定期的に行う

この点について、指針の解説16頁（本書200頁）では「調査等に当たって通報内容を他の者に伝える際に、調査等の契機が公益通報であることを伝えなければ、基本的には、情報伝達される相手方において、公益通報がなされたことを確定的に認識することができず、公益通報者が誰であるかについても確定的に認識することを避けることができる。その場合、結果として、公益通報者を特定させる事項が伝達されるとの事態を避けられることから、必要に応じて従事者以外の者に調査等の依頼を行う際には、当該調査等が公益通報を契機としていることを伝えないことが考えられる」とされています[107]。他方で、実務上、情報提供があったことを伝えた方が、調査において有益な場合もあることから、必要に応じて、通報者の同意を得た上で、情報提供があったことを伝えて調査を行うことも想定されます[108]。

107）指針検討会報告書20頁脚注36では、「伝えないことが望ましい」とされていましたが、意見募集への回答別表2頁掲載の御意見を踏まえて、「伝えないことが考えられる」との表現にしたものと思われます。

108）意見募集への回答別表2頁掲載の御意見参照

　なお、情報を知っている者が極めて限られている等、調査の端緒が内部公益通報であることを秘匿することが困難な場合、モニタリングを行ってそこで報告を受けた（この報告も内部公益通報にあたる場合があります）という形をとれば、積極的・能動的に情報提供があったと被通報者から評価されず、事実上報復のリスクが減る場合もあるといえます。

【公益通報者を特定させる事項を伝達した上で調査をする場合にとるべき措置】

①　公益通報者を特定した上でなければ必要性の高い調査が実施できない等のやむを得ない場合、公益通報者を特定させる事項を伝達する範囲を必要最小限に限定する（真に必要不可欠ではない限り、調査担当者にも情報共有を行わないようにする）ことは当然のこととして、例えば、以下のような措置等を講じ、公益通報者が特定されないよう、調査の方法に十分に配慮する。

　➤　公益通報者を特定させる事項を伝達する相手にはあらかじめ秘密保持を誓約させる

　➤　公益通報者を特定させる事項の漏えいは懲戒処分等の対象となる旨の注意喚起をする

②　特に、ハラスメント事案等で被害者と公益通報者が同一の事案においては、公益通報者を特定させる事項を共有する際に、被害者の心情にも配慮しつつ、例えば、書面による等、同意の有無について誤解のないよう、当該公益通報者から同意を得る。

　このうち、②について、口頭による同意の方が調査が迅速に進められるという指摘がありますが[109]、実際に、書面で同意をとろうとすると、公益通報者の側において不必要に警戒して、同意が得られず、調査に支障が生じるという事態も起こります。書面による同意ではなく、例えば、やり取りの際に「正確なやり取りの記録を残しておく必要があるので」と告げ

───────────────

109）意見募集への回答別表38頁掲載の御意見の理由参照

て承諾を得た上で録音をとり、その過程において同意を得ることが考えられます。もちろん、同意の有無については、可能な限り通報者の認識と齟齬が無いようにしておく必要もありますので、別途メールで、「先ほど同意いただいた通り、……部に共有させていただきます。」等と伝えた上で、改めて意思を確認する作業もしておいた方が良いでしょう。

　書面とは、「電子的方式、磁気的方式その他人の知覚によっては認識することができない方式で作られる記録を含む」とされていますが[110]、音声記録は含まれません[111]。他方で、必ずしも書面による同意が必須のものではなく、口頭の同意でも足りるため、音声記録でも足ります（音声記録は、口頭の同意を記録化・証拠化したものという位置づけになります）。

エ　「範囲外共有が行われた場合には、適切な救済・回復の措置をとる。」
　㈎　「範囲外共有が行われた場合には」
　　「範囲外共有が行われた場合」とは、客観的に範囲外共有が行われたといえる場合（労働者、役員、代理人その他の者のいずれかが公益通報者特定情報を必要最小限の範囲を超えて漏らした場合）を指し、公益通報者から範囲外共有の相談が行われたこと、公益通報者特定情報が現実に流通していることだけで、直ちに「範囲外共有が行われた場合」にあたるわけではありません。そのため、相談の初期段階で、社会通念上、範囲外共有の有無を判断できない状況においては、現実に救済・回復の措置をとる必要はないといえます。

　㈏　「適切な救済・回復の措置をとる」
　　「適切な救済・回復の措置」とは、例えば、損害の賠償をすること[112]、漏洩に伴い不利益を受けている場合には原状回復をすること等が考えら

---

110)　指針の解説17頁脚注32（本書201頁）
111)　意見募集への回答別表38頁掲載の消費者庁の考え方参照
112)　意見募集への回答別表36頁掲載の消費者庁の考え方においては、「「損害賠償請求」も、外部委託先が範囲外共有を行った場合における、「懲戒処分その他適切な措置」の手段の一つと考えます」とされています。

れます。また、漏れている範囲が限定されている場合（特定の人に漏らしてしまったが、その人からまだ伝播していない場合等）には、伝播を防ぐための措置（これ以上漏らさないようにすべきこと、漏らした場合懲戒処分の対象になることを伝える等）をとることも考えられます[113]。

　損害の賠償をすることについては抵抗感があるとの指摘もありますが、事業者の帰責事由により誰かに精神的損害を与えた場合、その精神的損害については、法律上、不法行為等に基づき損害賠償義務を負うものですので、自主的に補償をすることは不自然なことではないといえます。他方で、少なくとも過失による漏洩もなかった場合には、損害賠償義務を負わないといえるため、このようなケースでは、損害の賠償をする必要はないといえます。

(3)　逐条解説（ロについて）

　「事業者の労働者及び役員等が、公益通報者を特定した上でなければ必要性の高い調査が実施できないなどのやむを得ない場合を除いて、通報者の探索を行うことを防ぐための措置をとる。」について解説をします。

ア　「事業者の労働者及び役員等が」

　通報者探索の主体についても「事業者の労働者及び役員等が」とされており、労働者、役員のほか、法第2条第1項に定める「代理人その他の者」が主体になることを明確にしています。指針の解説15頁脚注28（本書199頁）でも、「範囲外共有及び通報者の探索を防止すべき「労働者及び役員等」には内部公益通報受付窓口に関する外部委託先も含む。」とされています。

イ　「公益通報者を特定した上でなければ必要性の高い調査が実施できないなどのやむを得ない場合を除いて」

　通報者の探索については、あらゆる場合に防止措置をとらなければならないわけではなく、「やむを得ない場合」には許されるとされています。この「やむを得ない場合」の例示として、指針では、「公益通報者を特定

113)　これは範囲外共有の防止措置にも位置付けられるといえます。

した上でなければ必要性の高い調査が実施できない」場合が挙げられています。これは、例えば、匿名で内部公益通報が寄せられ、内容に具体性があり調査を行いたいが、情報提供先がわからなければ調査ができないといったケースが想定されます。

ウ　「通報者の探索を」

「通報者の探索」とは、公益通報者を特定しようとする行為をいいます[114]。

通報者の探索は、①公益通報を理由とするものであり、②「不利益な取扱い」（法5条）に該当する場合であり、かつ③法3条各号の要件を満たす場合には、改正前の法においても法5条により違法とされていました[115]。

指針では、新たに、公益通報を理由としない探索行為、「不利益な取扱い」と評価できない探索行為、法3条各号の要件を満たさない探索行為についても、防ぐための措置をとることが求められたといえます。

他方で、「特定しようとする行為」が必要であり、内心で公益通報者が誰であるかを推測しただけでは、そもそも「行為」が存在しないことから、通報者の探索にはあたりません。

なお、ハラスメント事案において、被害者や関係者を特定しようとする行為[116]は、被害者＝通報者とは必ずしもいえないことから、直ちには公益通報者を特定しようとする行為として、「通報者の探索」にあたるものではないといえます。

エ　「行うことを防ぐための措置をとる」

「防ぐための措置」とは、通報者の探索を防止するための措置をいいますが、その具体的な内容は、様々な方法が考えられ、各社の創意工夫によ

114）指針本文第2「用語の説明」
115）第16回公益通報者保護専門調査会「その他の論点について（委員から御指摘のあったもの）」（消費者庁、2018年6月28日）7頁では、「現行法には、通報者の探索や通報妨害について明示的な規定はないが、通報者の探索や通報妨害が、公益通報を理由として行なわれた場合には、法第5条により違法となり得る。」とされています。
116）意見募集への回答別表39頁掲載の御意見の理由参照

り検討していくことが求められています[117]。

　指針の解説 15 頁（本書 199 頁）では、通報者の探索を行うことを防ぐための措置の具体例として、「通報者の探索は行ってはならない行為であって懲戒処分その他の措置の対象となることを定め、その旨を教育・周知すること」が例示されています。他方で、教育・周知を行ったとしても、そのとおりに運用されていなければ、通報者の探索をしようと考えている者において、本当に懲戒処分をされるとは思わないことから、通報者の探索が行われた場合には、実際に厳罰に処する運用を行うことが求められます。

(4)　逐条解説（ハについて）

　「範囲外共有や通報者の探索が行われた場合に、当該行為を行った労働者及び役員等に対して、行為態様、被害の程度、その他情状等の諸般の事情を考慮して、懲戒処分その他適切な措置をとる。」について解説をします。

ア　「範囲外共有や通報者の探索が行われた場合に」

　「範囲外共有や通報者の探索が行われた場合に」とは、客観的に範囲外共有や通報者の探索が行われた場合を指します。そのため、公益通報者から範囲外共有や通報者探索に関する相談を受けたばかりで、範囲外共有や通報者探索であると通常は認定できない状況にある場合には、現実に懲戒処分等の措置をとる必要はありません。しかし、公益通報者から範囲外共有や通報者探索をされたとの相談があり、それが客観的に範囲外共有や通報者の探索に該当する場合に、何も対応をしなければ、指針に違反することから、事業者としては、範囲外共有や通報者の探索にあたるか否かを積極的に調査する必要があります。

　他方で、事実認定については慎重に行う必要があり、仮に誤った事実認定に基づき懲戒処分を行った場合には違法無効となりますし（労働契約法15 条）、懲戒処分ではない措置（人事行為としての降格、配転、出向や普通解雇等）についても違法となる場合があります（労働契約法 3 条 5 項、14 条、16 条等）。指針の解説 15 頁（本書 199 頁）においても、「懲戒処分その他適

---

117)　指針の解説 2 頁（本書 186 頁）参照

切な措置を行う際には、範囲外共有が行われた事実の有無については慎重に確認し、範囲外共有を実際に行っていない者に対して誤って懲戒処分その他の措置を行うことのないよう留意する必要がある。」とされています。

　これまでは、範囲外共有か判断が難しい場合には、懲戒処分をして事実認定が誤りであれば違法となる一方、懲戒処分をしなかった場合には直ちに違法とはならなかったことから、懲戒処分をすることに謙抑的になっていたと考えられます。他方で、今後は、懲戒処分等をしなければ体制整備等義務違反として違法となる場合も生じることから、適切な事実認定を行う必要性が高まったといえます。

イ　「当該行為を行った労働者及び役員等に対して」

　適切な措置をとる対象は、労働者に限られておらず、役員、代理人その他の者も含まれます。

ウ　「行為態様、被害の程度、その他情状等の諸般の事情を考慮して」

　指針では懲戒処分その他適切な措置を行うに際には、「行為態様、被害の程度、その他情状等の諸般の事情を考慮して」行うことが求められています。労働者への懲戒処分が適法となるためには処分の相当性が求められること、人事処分が適法となるためには業務上の必要性が求められること、労働者以外の者であっても処分の内容は行為態様の悪質性や被害の程度等に比例すべきものであること等を考慮したものです。

　例えば、範囲外共有が故意によるものであったのか、どの範囲まで公益通報者特定情報が拡散されたのか、事業者が十分な教育・周知を行っていたのか、過去にも処分歴があるか等の事情が考慮されることになります。

エ　「懲戒処分その他適切な措置をとる。」

　「懲戒処分その他適切な措置」とは、懲戒処分に限られず、人事措置、事実上の注意等の様々な措置が考えられます。他方で、適切な措置が求められることから、行為の悪質性、被害の程度等を十分に考慮して、適切な措置を選択する必要があります。例えば、明らかに故意に公益通報者特定

情報を漏えいし、反省の情もなく、再度同じ行為を繰り返すと述べている者に対して、懲戒処分を行わず厳重注意にとどめることは、適切ではないと考えられます。

(5)　その他の推奨される考え方

　公益通報者を特定させる事項を不当な目的に使用したとしても、他の者に共有をしていない場合には、上記範囲外共有に係る指針の違反にはあたりません。他方で、このような行為を許容した場合には、内部公益通報を躊躇する結果につながることが想定されることから、指針の解説14頁（本書198頁）では、「公益通報者を特定させる事項を不当な目的に利用した者についても、懲戒処分その他適切な措置を講ずることが望ましい。」とされています。

第3　内部公益通報対応体制を実効的に機能させるための措置

1　労働者等及び役員並びに退職者に対する教育・周知に関する措置

　労働者等及び役員並びに退職者に対する教育・周知に関する措置について、指針本文（第4.3⑴）では以下のように規定しています。

> 3　事業者は、内部公益通報対応体制を実効的に機能させるための措置として、次の措置をとらなければならない。
> ⑴　労働者等及び役員並びに退職者に対する教育・周知に関する措置
> 　イ　法及び内部公益通報対応体制について、労働者等及び役員並びに退職者に対して教育・周知を行う。また、従事者に対しては、公益通報者を特定させる事項の取扱いについて、特に十分に教育を行う。
> 　ロ　労働者等及び役員並びに退職者から寄せられる、内部公益通報対応体制の仕組みや不利益な取扱いに関する質問・相談に対応する。

(1)　指針の趣旨

　この指針本文の趣旨について、指針の解説18頁（本書202頁）では、「内

143

部公益通報が適切になされるためには、労働者等及び役員並びに退職者において、法及び事業者の内部公益通報対応体制について十分に認識している必要がある。また、公益通報対応業務を担う従事者は、公益通報者を特定させる事項について刑事罰で担保された守秘義務を負うことを踏まえ、法及び内部公益通報対応体制について、特に十分に認識している必要がある。そして、労働者等及び役員並びに退職者の認識を高めるためには、事業者の側において能動的に周知するだけではなく、労働者等及び役員並びに退職者が質問や相談を行った際に、適時に情報提供ができる仕組みも必要である。」とされています。

　すなわち、教育・周知、質問・相談への対応については、労働者等及び役員並びに退職者に対して、法及び事業者の内部公益通報対応体制について十分な認識を持たせることを通じて、これらの者の内部公益通報を促すこと（内部公益通報の促進）が主な趣旨といえます。従事者への教育については、従事者守秘義務の履行の確実性を高めること（内部公益通報者の保護）が主な趣旨といえます。

(2)　逐条解説（イ前段）

　「法及び内部公益通報対応体制について、労働者等及び役員並びに退職者に対して教育・周知を行う。」について解説します。
　ア　「法及び内部通報対応体制について」
　「法」とは公益通報者保護法のことを指します。すなわち、指針においては、内部公益通報対応体制だけではなく、公益通報者保護法それ自体についても教育・周知をすることが求められています。
　「内部公益通報対応体制」とは、法第11条第2項に定める、事業者が内部公益通報に応じ、適切に対応するために整備する体制のことを指します[118]。内部公益通報受付窓口を経由した内部公益通報に対応する体制に限定されておらず、職制上のレポーティングライン等その他のルートを通じた内部公益通報の取扱いの仕組みについても含まれます。

118）指針「第2　用語の解説」

イ　「労働者等及び役員並びに退職者に対して」

　「労働者等及び役員並びに退職者に対して」教育・周知を行うことが求められており、労働者だけではなく、役員、退職者（法に定める退職後1年以内の退職者）に対しても教育・周知を行うことが求められます。

　組織の長その他幹部は「役員」に含まれる場合が多いといえますが、指針の解説19頁（本書203頁）では、「組織の長その他幹部に対しても、例えば、内部公益通報対応体制の内部統制システムにおける位置付け、リスク情報の早期把握がリスク管理に資する点等について教育・周知することが求められる。」とされています。組織の長その他幹部の通報を歓迎する意識が高まれば部下もそれに従うこと、組織の長その他幹部のコンプライアンス違反行為については是正が困難である場合が多いこと等から、まず幹部から意識を高めていく必要があります。事業者内部の者を通じて幹部の意識を高めることが難しい場合があり、その場合には、外部の専門家に幹部への教育・周知を依頼することが適切といえます。

　退職者に対する教育・周知の方法について、指針の解説19頁（本書203頁）では、「退職者に対する教育・周知の方法として、例えば、在職中に、退職後も公益通報ができることを教育・周知すること等が考えられる。」とされています。既に退職をした者に対して個別に連絡を取ることが実務上困難な場合があるとの指摘があったことを踏まえて、このような措置も許容されることになりました。他方で、これは、あくまで「このような方法で周知をしても指針には違反しない」というだけであり、必ずしも推奨される方法ではありません。例えば、退職時に、在職中に何か見聞きしたことがあったら言って欲しいと伝える（外部窓口を宛先とする封筒を渡すことも考えられます）、ウェブサイトに退職者でも入れるページがある場合には、そこに通報先を示す等の工夫をすることが考えられます。内部公益通報受付窓口を公表した上、そこに退職者でも通報ができる旨の記載をするといった方法も考えられます[119]。

---

[119]　規模の大きな会社の場合、ウェブサイトに通報窓口の連絡先を記載することは、無関係な者からの匿名通報が寄せられる可能性が高まるとの指摘もあります。

「代理人その他の者」は記載されていないことから、これらの者に対する教育・周知については、指針上は求められていません。内部公益通報ができる者は労働者・役員・退職者に限られているからです。

他方で、これらの者も含めて、通報制度の利用が想定されている者に対しては、広く周知を行うことが望ましいといえます。指針の解説20頁（本書204頁）では、あくまで推奨事項としてですが、「内部公益通報対応体制の利用者を労働者等及び役員以外に対しても広く認めている場合には（例：企業グループ共通のホットラインを設ける。）、その体制の利用者全て（例：子会社の労働者等及び役員）に対して教育・周知を行うことが望ましい。」としています。制度上利用者の範囲を広げていたとしても、その利用者に窓口の存在や仕組みが知られなければ、現実に利用されることが期待し難いからです。他方で、内部公益通報ができる者は労働者・役員・退職者に限られていることから、それ以外の者に対する周知については、あくまで推奨事項として位置づけられています。

ウ　「教育・周知を行う」

教育・周知については、各事業者において、自組織の状況を踏まえ、経営判断に基づき各事業者にとって現実的かつ最適な措置をとることが必要とされています[120]。

㋐　法に関する教育・周知について

「法」に関する教育・周知について、指針の解説19頁（本書203頁）では、「法について教育・周知を行う際には、<u>権限を有する行政機関等への公益通報も法において保護されている</u>という点も含めて、法全体の内容を伝えることが求められる。」とされており、内部公益通報だけではなく、事業者外部への公益通報が保護されるという点も含めて、公益通報者保護法の内容を教育・周知する必要があるとされています。事業者の視点からみると、事業者外部ではなく、事業者内部に公益通報をして欲しいところではありますが、現実に内部公益通報ができない状況に

120）意見募集への回答別表42頁掲載の消費者庁の考え方参照

ある場合には、法令遵守という公益通報者保護法の目的を達するためには、外部への通報が必要となることから、事業者外部への公益通報が保護されるという点を含めて周知することが求められています。このように、外部への通報が許されると周知することにより、事業者としても、より内部公益通報をすることへの魅力を高めなければならなくなりますので、内部公益通報対応体制の実効性が高まることが期待されています。

⑴　内部公益通報対応体制に関する教育・周知について

　「内部公益通報対応体制」に関する教育・周知について、まず、指針の解説18頁（本書202頁）では、「公益通報受付窓口及び受付の方法を明確に定め、それらを労働者等及び役員に対し、十分かつ継続的に教育・周知することが必要である」とされています。例えば、単に新入社員研修で1回伝えただけでは周知をしたと評価はできず、定期的に周知活動を行う必要があるといえます。

　また、指針の解説19頁（本書203頁）では、「内部公益通報対応体制の仕組みについて教育・周知を行う際には、単に内部公益通報受付窓口の設置先を形式的に知らせるだけではなく、例えば、以下のような内部公益通報対応体制の仕組み全体の内容を伝えること等が求められる。」とされています。

①　内部公益通報受付窓口の担当者は従事者であること[121]

②　職制上のレポーティングライン（いわゆる上司等）においても部下等から内部公益通報を受ける可能性があること

③　内部公益通報受付窓口に内部公益通報した場合と従事者ではない職制上のレポーティングライン（いわゆる上司等）において内部公益通報をした場合とでは公益通報者を特定させる事項の秘匿についてのルールに差異があること[122]等

---

[121] 指針の解説19頁脚注35（本書203頁）では、「内部公益通報をする先が従事者であることが分かれば、公益通報者を特定させる事項がより慎重に取り扱われるといった安心感により内部公益通報を行いやすくする効果が期待できる。」とされています。

[122] 指針の解説19頁脚注36（本書203頁）では、「具体的には、内部公益通報受付窓口に内部公益通報した場合においては、刑事罰付の守秘義務を負う従事者が対応することとなること、職制上のレポーティングライン（いわゆる上司等）への報告や従事者以外の労働者等及

　　内部公益通報対応体制の仕組みについて教育・周知をする趣旨は、労働者、役員、退職者の内部公益通報を促すためですので、単に設置先を形だけ伝えるだけでは足りず、内部公益通報をしようという気を起こさせるような教育・周知をしなければなりません。

　　また、指針の解説18頁脚注33（本書202頁）では、「実効性の高い内部公益通報制度を整備・運用することは、組織内に適切な緊張感をもたらし、通常の報告・連絡・相談のルートを通じた自浄作用を機能させ、組織運営の健全化に資することを、労働者等及び役員に十分に周知することが重要である。」とされています。これは、民間事業者向けガイドラインに示されていた事項ですが、通報窓口への通報が促進されることによって、組織の風通しが良くなり、職制上のレポーティングラインを通じた自浄作用も機能するようになること、また、それを周知して、内部公益通報を促すことが重要であるという趣旨のものです。

　　さらに、指針の解説11頁（本書195頁）では、内部公益通報を促すための措置について、以下の内容が推奨、提案されています[123]。

① 「例えば、内部公益通報対応体制の運営を支える従事者の意欲・士気を発揚する人事考課を行う等、コンプライアンス経営の推進に対する従事者の貢献を、積極的に評価することが望ましい。」

② 「法令違反等に係る情報を可及的速やかに把握し、コンプライアンス経営の推進を図るため、法令違反等に関与した者が、自主的な通報や調査協力をする等、問題の早期発見・解決に協力した場合には、例えば、その状況に応じて、当該者に対する懲戒処分等を減免することができる仕組みを整備すること等も考えられる。」

び役員に対する報告も内部公益通報となり得るが従事者以外は必ずしも刑事罰で担保された守秘義務を負うものでないこと、従事者以外の者については社内規程において範囲外共有の禁止を徹底させていること等が考えられる。」とされています。

[123] 指針の解説11頁（公益通報対応業務の実施に関する措置）の箇所に記載されています（本書195頁）が、これらは内部公益通報をしようとする者にインセンティブを与え内部公益公益通報を促すための措置であり、公益通報対応業務の実施に関する措置とは言い難いところです。通報制度の運用に携わる者や通報をしたことに対して、事業者として前向きな評価を加え、通報が好ましいとする組織風土を形成することで、内部公益通報を促すための施策であり、教育・周知と趣旨・性質が共通する施策といえるため、教育・周知の箇所で紹介します。

③　「公益通報者等[124] の協力が、コンプライアンス経営の推進に寄与した場合には、公益通報者等に対して、例えば、組織の長等からの感謝を伝えること等により、組織への貢献を正当に評価することが望ましい。なお、その際においても、公益通報者等の匿名性の確保には十分に留意することが必要である。」

　このうち、②はいわゆる社内リニエンシーと呼ばれるものです。問題となる法令違反の内容を最も知っている者は法令違反に直接関与した者であることから、そのような者に、早期に情報提供をするインセンティブを付与することで、早期の情報提供を促すことを期待したものです[125]。

(ウ)　教育・周知に際する組織の長の関与の重要性

　指針の解説18頁（本書202頁）では、「教育・周知に当たっては、単に規程の内容を労働者等及び役員に形式的に知らせるだけではなく、組織の長が主体的かつ継続的に制度の利用を呼び掛ける等の手段を通じて、公益通報の意義や組織にとっての内部公益通報の重要性等を労働者等及び役員に十分に認識させることが求められる。例えば、以下のような事項について呼び掛けること等が考えられる。」として、組織の長による呼びかけの内容として、以下のものを例示しています。

➤　コンプライアンス経営の推進における内部公益通報制度の意義・重要性

➤　内部公益通報制度を活用した適切な通報は、リスクの早期発見や企業価値の向上に資する正当な職務行為であること

➤　内部規程や法の要件を満たす適切な通報を行った者に対する不利益な取扱いは決して許されないこと

➤　通報に関する秘密保持を徹底するべきこと

➤　利益追求と企業倫理が衝突した場合には企業倫理を優先するべきこと

➤　上記の事項は企業の発展・存亡をも左右し得ること

124）「公益通報者等」とは、公益通報者及び公益通報を端緒とする調査に協力した者（調査協力者）とされています（指針の解説11頁脚注23（本書195頁））。

　組織においては、指揮命令関係があること、上位者の意向に沿うことは自らの出世にも影響することから、組織の上位の者の言うことを通常は傾聴します。だからこそ、組織において最も上の立場にある、組織の長が呼びかけることが、内部公益通報を促すにあたって重要になります。もっとも、他の者が用意した原稿を棒読みするだけでは、単なる儀式と思われ、本気で組織の長が通報を歓迎しているとは思われません。そのため、組織の長自らが自社の通報制度のあるべき姿について自身の考えを持った上で、自身の言葉で呼びかけをすることが重要です。

　呼びかけの内容として例示されている事項は、民間事業者向けガイドラインに示されていた事項ですが、現在もなお、内部公益通報を促すにあたって重要な事項であるといえます。

㋑　具体的な周知の手法

　周知に際しての具体的な手法について、指針の解説19頁（本書203頁）では、「教育・周知を行う際には、例えば、以下のような実効的な方法等を各事業者の創意工夫により検討し、実行することが求められる。」として、以下の内容を例示しています。

➢　その内容を労働者等及び役員の立場・経験年数等に応じて用意する（階層別研修等）

➢　周知のツールに多様な媒体を用いる（イントラネット、社内研修、携行カード・広報物の配布、ポスターの掲示等）

➢　内部公益通報対応体制の内容、具体例を用いた通報対象の説明、公益通報者保護の仕組み、その他内部公益通報受付窓口への相談が想定される質問事項等をFAQにまとめ、イントラネットへの掲載やガイドブックの作成を行う

　教育・周知は実施することそれ自体が目的ではなく、理解をさせることが目的ですので、わかりやすく、かみ砕いた形で教育・周知を行う必要があるといえます[126]。また、具体的にイメージをしやすいように、

125）通報とインセンティブとの関係については、解説公益通報者保護法252頁、286頁参照
126）意見募集への回答別表40頁掲載の御意見の概要参照

ケーススタディを行うこと、実践形式の訓練を行うことも有用といえま
す[127]。

　㈹　教育・周知に関する措置を行う主体

　　教育・周知に関する措置を行う主体は、「事業者」とされています
が、教育・周知は、必ずしも体制整備等義務を負う事業者が直接行う必
要はなく、例えば、内部公益通報受付窓口を外部委託する場合、外部委
託先において従事者となる職員への教育は、外部委託先の事業者（法律
事務所等）が行うことも可能です。また、出向者については出向先に、
派遣労働者については派遣元事業主に[128]教育・周知を委託することも
可能です。

⑶　逐条解説（イ後段について）

　「また、従事者に対しては、公益通報者を特定させる事項の取扱いについ
て、特に十分に教育を行う。」について解説します。

ア　「従事者に対しては」

　　「従事者に対しては」とあるので、文言上は、従事者として指定された
後に教育をすれば足りるように見えますが、公益通報者特定情報を慎重に
取り扱わせるという指針の趣旨からすれば、少なくとも従事者が公益通報
対応業務を行う前に教育をすることが必要といえます。

イ　「公益通報者を特定させる事項の取扱いについて」

　　従事者が負う義務は法12条の従事者守秘義務ですが、法12条の従事者
守秘義務の対象は、公益通報者を特定される事項ですので、この取扱いに
ついて教育することが求められています。

ウ　「特に十分に教育を行う」

　　「特に十分に」とあるため、一般的に範囲外共有防止措置として求めら

127）意見募集への回答別表43頁掲載の御意見の概要参照
128）意見募集への回答別表42頁掲載の御意見の概要参照

れる労働者や役員等に対する教育内容よりも、高度な内容の教育が求められます。従事者に対する教育の方法について、指針の解説 19 頁（本書 203 頁）では、「従事者に対する教育については、例えば、定期的な実施や実施状況の管理を行う等して、通常の労働者等及び役員と比較して、特に実効的に行うことが求められる。」とされています。これは、定期的に教育が実施されなければ、慎重に取り扱うことに対する意識が薄れるおそれがあること、実施状況が管理されなければ、教育を適切に実施したか否かが曖昧になる場合があるからです。

　また、指針の解説 20 頁（本書 204 頁）では、「従事者に対する教育については、公益通報対応業務に従事する頻度等の実態に応じて内容が異なり得る。」とされています。これは、従事者に指定される者の中には、常時指定される者だけではなく、特定の事案において臨時に指定される者もいることを考慮したものです。例えば、臨時に指定される者については、扱う情報が少ないことから、共有された情報についてだけ、慎重に取り扱えば足り、そのため、教育についても、常時従事者に指定されている者よりも、簡易なものが想定されます。具体的には、当該情報が公益通報者特定情報であり、指定された者以外には伝えてはならないこと、伝えた場合には刑事罰及び懲戒処分の対象になること等を注意喚起するほか、公益通報者特定情報が記載された文書を印刷しない、無関係な者から見られるような環境で公益通報者特定情報が記載された文書を閲覧しない、社内で不必要に案件に関する会話をしない等の不注意により漏洩するリスクを減らすよう教育することが考えられます。

　また、指針の解説 19 頁（本書 203 頁）では、教育の内容について、「法第 12 条の守秘義務の内容のほか、例えば、通報の受付、調査、是正に必要な措置等の各局面における実践的なスキルについても教育すること等が考えられる。」とされています。従事者は、単に公益通報者特定情報を扱う者というだけではなく、公益通報対応業務により、法令遵守を図ることを本来の使命とする者ですので、公益通報対応業務の遂行に必要なスキルを教育することが望まれるということです。

(4)　逐条解説（ロについて）

　「労働者等及び役員並びに退職者から寄せられる、内部公益通報対応体制の仕組みや不利益な取扱いに関する質問・相談に対応する。」について解説します。

ア　「労働者等及び役員並びに退職者から寄せられる」

　指針において対応が求められる範囲は、「労働者等及び役員並びに退職者」からの相談に限定されています。この理由は、これらの者以外の者による通報は「公益通報」とはならないからです。あくまで、指針は体制整備等義務の大要を示したものであり、体制整備等義務は公益通報について課される義務であることから、このような取扱いとされています。

イ　「内部公益通報対応体制の仕組みや不利益な取扱いに関する質問・相談に対応する。」

　「内部公益通報対応体制の仕組み……に関する質問・相談」とは、どのような手続きで内部公益通報が取り扱われ、どのように公益通報者が保護されるのかという、内部公益通報対応体制の仕組みをいいます。内部公益通報受付窓口を通じた内部公益通報対応の仕組みだけではなく、上司等への職制上のレポーティングラインを通じた内部公益通報対応の仕組みについても含みます。

　「不利益な取扱いに関する質問・相談」とは、公益通報を理由として不利益な取扱いを受けており、その解消を求めたいがどうすれば良いか、といった内容の質問・相談を想定しています。公益通報には、職制上のレポーティングラインにおける上司への報告や、外部公益通報も含むことに注意が必要です。また、通常は、相談者の側において「公益通報をした」と述べて相談するわけではないため、質問・相談の対象を限定している場合には、質問・相談に対応する側において、公益通報にあたるか判断をする必要があります。

　「質問・相談に対応する。」とは、必ずしも相談窓口を設けることを意味するのではなく、現実に寄せられた質問・相談に対応する仕組みを設けることを意味します。他方で、仮に、「質問・相談を受け付けていない」

との申立てが消費者庁に対してなされ、調査の対象となった場合において、事業者において質問・相談を受け付けているということを示すためにも、窓口を設けた方が望ましいでしょう。質問・相談の窓口の在り方については様々なものが想定され、通報窓口は受付機能に特化させた方が望ましい場合もあり得ます。そのため、指針の解説20頁（本書204頁）においても、「内部公益通報対応体制の仕組みの質問・相談（不利益な取扱いに関する質問・相談を含む[129]。）については、内部公益通報受付窓口以外において対応することや、内部公益通報受付窓口において一元的に対応することのいずれも可能である。」とされています。他方で、内部公益通報受付窓口以外での対応も可能とすると、事業者において内部公益通報対応を俯瞰する情報管理を適切に行うことができないという指摘もあります[130]。

② 是正措置等の通知に関する措置

是正措置等の通知に関する措置について、指針本文（第4.3(2)）では以下のように規定されています。

> 3　事業者は、内部公益通報対応体制を実効的に機能させるための措置として、次の措置をとらなければならない。
> (2)　是正措置等の通知に関する措置
> 　　書面により内部公益通報を受けた場合において、当該内部公益通報に係る通報対象事実の中止その他是正に必要な措置をとったときはその旨を、当該内部公益通報に係る通報対象事実がないときはその旨を、適正な業務の遂行及び利害関係人の秘密、信用、名誉、プライバシー等の保護に支障がない範囲において、当該内部公益通報を行った者に対し、速やかに通知する。

---

[129]　指針検討会報告書16頁では、「不利益な取扱いに関する質問・相談については、内部公益通報受付窓口において対応することが望ましい」とされていましたが、この記載が削除された形になります。
[130]　意見募集への回答別表45頁掲載の御意見の理由参照

154

(1)　指針の趣旨

　この指針本文の趣旨について、指針の解説20頁（本書204頁）では、「内部公益通報をした者は、<u>事業者からの情報提供がなければ、内部公益通報について是正に必要な措置がとられたか否かについて知り得ない場合が多いと</u>考えられ、<u>行政機関等に公益通報すべきか、調査の進捗を待つべきかを判断することが困難である。</u>そのため、利害関係人のプライバシーを侵害するおそれがある等、内部公益通報をした者に対してつまびらかに情報を明らかにすることに支障がある場合を除いて、内部公益通報への対応結果を内部公益通報をした者に伝える必要がある。」とされています。

　一般的にはフィードバックと呼ばれる措置ですが、公益通報者に適切に情報提供をすることで、事業者の組織内部での是正に向けた取組を継続させることが主な趣旨になります。改正前の法9条では「書面により公益通報者から第三条第一号に定める公益通報をされた事業者は、当該公益通報に係る通報対象事実の中止その他是正のために必要と認める措置をとったときはその旨を、当該公益通報に係る通報対象事実がないときはその旨を、当該公益通報者に対し、遅滞なく、通知するよう努めなければならない。」と規定されていましたが、改正法ではこの規定が削除されたことから、同様の規制を指針において設けたものです。また、個々の通報者に満足感を与えることで、通報制度全体の評価・信頼度を高める機能もあります。

(2)　逐条解説

ア　「書面により内部公益通報を受けた場合において」

㈠　「書面により」

　「書面により」とあるので、口頭で受けた場合は含みません。「書面」には録音は含まないことから[131]、口頭の会話を録音している場合は含みません。

　他方で、「書面」には、電子メールは含まれることから、電子メールで内部公益通報を受けた場合には、指針に沿って通知をすることが求め

131）意見募集への回答別表38頁掲載の消費者庁の考え方参照

られます。

(イ)　「内部公益通報を」

　「内部公益通報」に限定されており、その他の通報を受けた場合は含みません。例えば、労働者の家族からの通報を受けた場合には、家族による通報が労働者の意思に基づくものであり、労働者からの公益通報と評価できる場合でなければ、通知は求められません。

(ウ)　「受けた場合において」

　「受けた場合において」とは、内部公益通報受付窓口において受け付けた場合に限定されていないことから、例えば、職制上のレポーティングラインにおいて内部公益通報を受け付けた場合も通知の必要があります。指針の解説21頁（本書205頁）においても、「事業者は、内部公益通報受付窓口の担当者以外の者（いわゆる上司等）が内部公益通報を受ける場合においても、例えば、公益通報者の意向も踏まえつつ当該内部公益通報受付窓口の担当者以外の者が内部公益通報受付窓口に連絡するように教育・周知する等、適正な業務の遂行等に支障がない範囲において何らかの通知がなされるようにすることが求められる。」とされています。

イ　「当該内部公益通報に係る通報対象事実の中止その他是正に必要な措置をとったときはその旨を、当該内部公益通報に係る通報対象事実がないときはその旨を」

　「当該内部公益通報に係る通報対象事実の中止その他是正に必要な措置をとったときはその旨」とは、中止をした事実又は是正に必要な措置をとった事実を伝えれば足り、その理由について説明することまでは求められていません。また、「当該内部公益通報に係る通報対象事実がないときはその旨」とは、通報対象事実の存在が認められなかった旨を伝えれば足り、事実認定の理由について詳細に説明をすることまでは求められていません。他方で、通報者に納得感を得させるためには、業務上支障のない範囲で、丁寧に理由を説明する方が望ましいといえます。

　指針上は、結果が判明した後に通知すればよいということになっていますが、通報者の満足度を高め、外部への通報を防ぐ、通報制度の評判を高

めるという観点からは、可能な限り丁寧な情報提供をすることが望ましいといえます（他方で、第三者の個人情報保護等の機密保持にも留意が必要です）。その観点から、指針の解説 21 頁（本文、脚注 41、43）では、推奨事項（義務ではないが、望ましい事項）として以下の内容が記載されています（本書 205 頁）。

- 通知するまでの具体的な期間を示す（受付から 20 日以内 [132] に調査開始の有無を伝える等）、是正措置等の通知のほかに、例えば、内部公益通報の受付や調査の開始についても通知する等、適正な業務の遂行等に支障が生じない範囲内において、公益通報者に対してより充実した情報提供を行うことが望ましい。

- 内部公益通報受付窓口を経由する内部公益通報について、書面や電子メール等、公益通報者が通報の到達を確認できない方法によって通報がなされた場合には、速やかに公益通報者に対し、通報を受領した旨を通知することが望ましい。

- 内部公益通報受付窓口にて通報を受け付けた場合、調査が必要であるか否かについて、公正、公平かつ誠実に検討し、今後の対応についても、公益通報者に通知するよう努めることが望ましい。また、調査中は、調査の進捗状況について、被通報者や調査協力者等の信用、名誉及びプライバシー等に配慮しつつ、適宜、公益通報者に通知するとともに、調査結果について可及的速やかに取りまとめ、公益通報者に対して、その調査結果を通知するよう努めることが望ましい。

　これらの対応を全て実施する必要があるかどうかはともかくとして、リスクの程度が大きい事案において、外部通報をされるおそれがある事情がある場合に、通報者と密にコミュニケーションをとり、対応状況を知らせることで、外部通報を防ぐというプラクティスは、通報対応の担当者にとっては、いわば常識の範疇に属するものではないかと思われます。

---

132) 書面により内部公益通報をした日から 20 日を経過しても、事業者から通報対象事実について調査を行う旨の通知がない場合等には、報道機関等への公益通報を行った者は、解雇その他不利益な取扱いからの保護の対象となる（法 3 条 3 号ホ）ことを踏まえたものです（指針の解説 21 頁脚注 40（本書 205 頁）参照）。

ウ　「適正な業務の遂行及び利害関係人の秘密、信用、名誉、プライバ
　　シー等の保護に支障がない範囲において」

　「適正な業務の遂行」とは、例えば、調査手法等に関する情報が無関係
な者に漏洩されることを防ぐため等が想定されます。

　「利害関係人の秘密、信用、名誉、プライバシー」とは、被通報者の秘
密、信用、名誉、プライバシーも含みます。こうした点を踏まえて、どこ
まで通報者に説明をするのかを検討する必要があります。指針の解説20
頁脚注37（本書204頁）でも、「調査過程において誰が何を証言したか、
人事処分の詳細な内容等はプライバシーに関わる場合もあるため、公益通
報者に内部公益通報への対応結果を伝えるべきではない場合も想定され
る。」とされています。

　他方で、対応の内容を十分に伝えない場合、指針には違反しないかもし
れませんが、通報者が本当に対応されたのか不審を抱いて、外部に通報を
するという事態になることも想定されます。そうしたリスクを避けるため
にも、可能な限り丁寧に説明を行い、通報者の満足度を高めることが望ま
しいといえます。

　指針の解説20頁脚注38（本書204頁）では、「是正措置等の通知を行わ
ないことがやむを得ない場合としては、例えば、公益通報者が通知を望ま
ない場合、匿名による通報であるため公益通報者への通知が困難である場
合等が考えられる」とされていますが、指針本文の「利害関係人」には公
益通報者も含まれるといえますので、これらの場合は、利害関係人のプラ
イバシーに支障がある場合と整理することができるといえます。

エ　「当該内部公益通報を行った者に対し、速やかに通知する」

　「速やかに」とは、具体的な期間が想定されているものではありません
が、どのような情報を通報者に伝えるべきなのか検討をする必要があると
の観点から、この記載とされたものであり[133]、必ずしも、措置をとった

133）「第5回 公益通報者保護法に基づく指針等に関する検討会 議事要旨」4頁参照。なお、
　指針検討会報告書の原案では、改正前の法9条の記載に沿って「遅滞なく」との表現でした。

後若しくは措置を取らないことを決定した直後に通知をすることが求められているわけではありません。「適正な業務の遂行及び利害関係人の秘密、信用、名誉、プライバシー等の保護」への支障について検討をするために社会通念上必要と考えられる期間は空いても良いといえるでしょう。

　通知の主体は、必ずしも内部公益通報を直接受けた者に限られませんが、事業者において、内部公益通報をした者に通知をする措置が必要になります。

　「通知」とは、伝えることをいい、通知の方法は限定されておらず、書面で行うことは不要です。指針の解説20頁（本書204頁）でも、「通知の態様は一律のものが想定されているものではなく、通知の方法として、例えば、公益通報者個人に通知をする、全社的な再発防止策をとる必要がある場合に労働者等及び役員全員に対応状況の概要を定期的に伝える等、状況に応じた様々な方法が考えられる。」とされています。通報者個人に通知する方法がスタンダードではありますが、大きな不祥事が発生し、全社的に対応している場合には、通報者という特定個人に状況を伝えるよりも、労働者及び役員全体に対応状況の概要を定期的に伝える方が望ましい場合もあり得ることから[134]、このような記載となりました。

　前述のとおり、職制上のレポーティングラインにおける上司等が通報を受けた場合においても、事業者において通知をすることが指針上は求められていますが、この場合の通知の例として、指針の解説21頁脚注39（本書205頁）では、「例えば、内部公益通報を受けた者が公益通報者の上司等である場合において、公益通報者から単なる報告ではなく公益通報であるとしてその受領の通知を求められている場合には、公益通報者のプライバシー等に配慮しつつ内部公益通報受付窓口にその通報内容を伝え、公益通報者本人にこれを行った旨を通知することも考えられる」とされています。あくまで一例であるため、このような方法に限定されるわけではなく、職場での問題は当該職場において解決することが適切であるとの観点から、自ら是正措置を行い、それを通報者に通知することも想定されます[135]。

134）「第2回 公益通報者保護法に基づく指針等に関する検討会 議事要旨」6頁参照
135）意見募集への回答別表46頁掲載の御意見の概要参照

③　記録の保管、見直し・改善、運用実績の労働者等及び役員への開示に関する措置

記録の保管、見直し・改善、運用実績の労働者等及び役員への開示に関する措置について、指針本文（第4.3⑶）では以下のように規定されています。

> 3　事業者は、内部公益通報対応体制を実効的に機能させるための措置として、次の措置をとらなければならない。
> ⑶　記録の保管、見直し・改善、運用実績の労働者等及び役員への開示に関する措置
> 　イ　内部公益通報への対応に関する記録を作成し、適切な期間保管する。
> 　ロ　内部公益通報対応体制の定期的な評価・点検を実施し、必要に応じて内部公益通報対応体制の改善を行う。
> 　ハ　内部公益通報受付窓口に寄せられた内部公益通報に関する運用実績の概要を、適正な業務の遂行及び利害関係人の秘密、信用、名誉、プライバシー等の保護に支障がない範囲において労働者等及び役員に開示する。

⑴　指針の趣旨

この指針本文の趣旨について、指針の解説21頁（本書205頁）では、「内部公益通報対応体制の在り方は、事業者の規模、組織形態、業態、法令違反行為が発生するリスクの程度、ステークホルダーの多寡、労働者等及び役員並びに退職者の内部公益通報対応体制の活用状況、その時々における社会背景等によって異なり得るものであり、状況に応じて、継続的に改善することが求められる。そのためには、記録を適切に作成・保管し、当該記録に基づき、評価・点検を定期的に実施し、その結果を踏まえ、組織の長や幹部の責任の下で、対応の在り方の適切さについて再検討する等の措置が必要である。また、内部公益通報が適切になされるためには、内部公益通報を行うことによって法令違反行為が是正されることに対する労働者等及び役員の期待感を高めることが必要であり、そのためには、個人情報の保護等に十分配慮

しつつ、事業者の内部公益通報対応体制が適切に機能していることを示す実績を労働者等及び役員に開示することが必要である。」とされています。

すなわち、イ、ロについては、内部公益通報対応体制の継続的な改善を行うことが主な趣旨になります。ハについては、労働者等及び役員の是正に対する期待感を高めることで、これらの者による内部公益通報を促進すること[136]（内部公益通報の促進）が主な趣旨になります。

(2)　逐条解説（イについて）

「内部公益通報への対応に関する記録を作成し、適切な期間保管する。」について解説します。

ア　「内部公益通報への対応に関する記録」

「内部公益通報への対応に関する」とあり、内部公益通報受付窓口において受け付けた内部公益通報に限定されていないことから、指針上は、職制上のレポーティングラインにおける内部公益通報を含めて記録の作成・保管を行うことが求められています。

「記録」とは、事後的に検証可能なように記したものをいい、紙媒体だけではなく、電子データも含まれます。

イ　「作成し」

「作成」は、事後的な検証を行う趣旨で求められるものであるため、少なくとも、内部公益通報受付窓口に寄せられた内部公益通報に関しては、全ての案件について、いつ、どんな相談が来たか、どんな対応をしたかということを残しておく必要があるといえます。この際に、どの程度の具体性があるものを作成する必要があるのかが問題となりますが、記録は、対応の在り方の適切さについて再検討するために求められるものであること

から、抽象的な記載ではなく、いつ通報を受領し、どのような調査を行い、どのような是正措置をとったのかが、具体的に明らかとなるような形で残しておくことが必要といえます。

通報者の同意をとった上で通報者とのやり取りを録音する場合もあり、このような場合、音声記録だけで足りるかという問題もありますが、音声記録だけしかない場合、直ちに対応の内容が確認できないことから、別途書面で記録を残しておく必要があるといえます。

内部公益通報受付窓口経由での内部公益通報に限定されていないことから、職制上のレポーティングラインにおける内部公益通報についても記録の作成・保管を行う必要があります。他方で、職制上のレポーティングラインにおける内部公益通報については、そもそも通報を受けた側において内部公益通報であると把握できない場合も想定され、この場合には、逐一対応記録を作成することは、社会通念からみて現実的ではないといえ、別の方法で記録の作成・保管を行うことが想定されます。

ウ　「適切な期間保管する」

㈎　「適切な期間」

「適切な期間」として、どのような期間を設定するかについては、事業者の裁量に委ねられていますが、評価・点検を定期的に実施するために保管が求められるものであることから、社会通念上、評価・点検を定期的に実施するにあたって必要となる期間保管をすることが求められます。例えば、点検期間を1年に1回と設定しているにもかかわらず、1か月で廃棄するといった取扱いは、適切な期間保管していないといえます。

指針の解説22頁（本書206頁）においても、「記録の保管期間については、個々の事業者が、評価点検や個別案件処理の必要性等を検討した上で適切な期間を定めることが求められる。」とされています。必要に応じて保管期間を永久とすることも可能とされています[137]。

137）意見募集への回答別表47頁掲載の消費者庁の考え方参照

　㈦　「保管する」

　　「保管する」方法については、各事業者において、自組織の状況を踏まえ、経営判断に基づき現実的かつ最適な措置を取ることが必要とされています[138]。範囲外共有防止措置が指針上で求められていることから、少なくとも、当該指針の求めに沿った措置をとる必要があります。指針の解説22頁（本書206頁）でも、「記録には公益通報者を特定させる事項等の機微な情報が記載されていることを踏まえ、例えば、文書記録の閲覧やデータへのアクセスに制限を付す等、慎重に保管する必要がある。」とされています。

(3)　**逐条解説（ロについて）**

　「内部公益通報対応体制の定期的な評価・点検を実施し、必要に応じて内部公益通報対応体制の改善を行う。」について解説します。

　ア　「内部公益通報対応体制の定期的な評価・点検を実施し」

　㈠　「内部公益通報対応体制の」

　　評価・点検の対象として、「内部公益通報対応体制」とされていますが、これは、単に制度が適切に整備されているか否かだけではなく、個々の通報対応が適切であるか否かも検討の対象となることを意味します。指針の解説22頁（本書206頁）においても、「組織の長や幹部の責任の下で、対応の在り方の適切さについて再検討する等の措置が必要である」とされています。

　　また、指針の解説22頁脚注44（本書206頁）では、「評価・点検の対象には、外部窓口も含む」とされており、公益通報対応業務の一部を法律事務所等の外部に委託している場合には、社内の窓口だけではなく、外部委託先についても評価・点検を行う必要があります。

　㈡　「定期的な」

　　「定期的」とは、評価・点検を一度だけ行っただけでは足りず、一定の期間を空けた上で、継続的に評価・点検を行うことを意味します。

---

138)　意見募集への回答別表47頁掲載の消費者庁の考え方参照

㈡　「評価・点検を実施し」

　「評価・点検」の方法については、事業者の裁量に委ねられていますが、社会通念に照らして、改善が期待できる程度の評価・点検を行うことが必要といえます。例えば、内部通報者保護に悖る対応をした役職員自身が主導して、評価・点検を行うことは、社会通念に照らして、改善が期待できる程度の評価・点検を行ったとはいえないと考えられます。

　指針の解説22頁（本書206頁）では、評価・点検の方法の例として、以下のものを挙げています。これは、民間事業者向けガイドラインにおいても示されていた内容です。あくまで一例ですので、これら全てを行う必要はありませんし、逆に、これら全てを形だけ行っていても十分ではないと評価される場合はあります。

➤　労働者等及び役員に対する内部公益通報対応体制の周知度等についてのアンケート調査（匿名アンケートも考えられる。）

➤　担当の従事者間における公益通報対応業務の改善点についての意見交換

➤　内部監査及び中立・公正な外部の専門家等による公益通報対応業務の改善点等（整備・運用の状況・実績、周知・研修の効果、労働者等及び役員の制度への信頼度、本指針に準拠していない事項がある場合にはその理由、今後の課題等）の確認

　また、指針の解説22頁脚注45（本書206頁）では、推奨事項として、「内部公益通報対応体制の整備・運用に当たっては、労働者等及び役員の意見・要望を反映したり、他の事業者の優良事例を参照したりする等、労働者等及び役員並びに退職者が安心して通報・相談ができる実効性の高い仕組みを構築することが望ましい。」とされていますが、実際の利用者である労働者等及び役員の意見要望を聞くこと、他の優良事例を参考にすることは、評価・点検の方法として参考になるといえます。

　評価・点検の実施者については限定されておらず、外部に委託することも可能ですし、監査役等に委託することも可能です。他方で、形だけ評価・点検を実施するだけでは足りず、社会通念上、問題が発見できるといえる程度の評価・点検を行う必要があります。その意味では、外部

の者による評価・点検を行うことが望ましいといえるでしょう。

イ　「必要に応じて内部公益通報対応体制の改善を行う」

　「内部公益通報対応体制の」とありますが、これは、制度が不十分な場合に、制度を整えることを意味するだけではなく、適切な運用をしていない場合に、それを正し、再発を防止することも含まれます。指針では、内部公益通報対応体制として、指針の沿った形の規程を定めるだけではなく、その規程どおり運用することまで求めているからです（指針本文第4.3(4)）。

　「必要に応じて」とあるので、必要性がある場合に、その必要性の程度に応じて改善を行う必要があります。すなわち、評価・点検の結果、何も問題がなければ、改善を行う必要はありません。従業員数が多いにもかかわらず通報が全くない、又は件数が少ない場合についてですが、通常、自己の利益に関係する内容については、通報される場合が多いことから、少なくとも、制度の対象としてハラスメント等の労務関係のものを含めているにもかかわらず、全く通報がないということは不自然であり、通報がほとんどない場合には、通報制度が機能しているか疑われるとして、改善の必要があるといえるでしょう。

　「改善を行う」とは、評価・点検の結果明らかになった問題点を解消することを意味します。

(4)　逐条解説（ハについて）

　「内部公益通報受付窓口に寄せられた内部公益通報に関する運用実績の概要を、適正な業務の遂行及び利害関係人の秘密、信用、名誉、プライバシー等の保護に支障がない範囲において労働者等及び役員に開示する。」について解説します。

ア　「内部公益通報受付窓口に寄せられた内部公益通報に関する運用実績の概要を」

(ア)　「内部公益通報受付窓口に寄せられた」

　「内部公益通報受付窓口に寄せられた」とあるため、内部公益通報受付窓口以外に寄せられた内部公益通報の実績は開示する必要はありませ

ん。例えば、職制上のレポーティングラインを通じて上がってきた内部公益通報に関する情報について集計をした上で、開示をすることは指針上は求められていません。

㈡　「内部公益通報に関する」

　「内部公益通報に関する」とあるため、公益通報ではない内部通報・相談の実績については開示する必要はありません。

㈢　「運用実績の概要」

　「運用実績の概要」に関して、「概要」とあるため、個々の事例を紹介する必要はなく、概要で足りることになります。指針の解説22頁（本書206頁）では、開示すべき「運用実績」の例として、以下のものを挙げています。

> ➤　過去一定期間における通報件数
> ➤　是正の有無
> ➤　対応の概要
> ➤　内部公益通報を行いやすくするための活動状況

　この例示において、通報件数以外のものが挙げられているとおり、必ずしも通報件数を開示する必要はありません。例えば、通報が1件しかないという場合、件数を開示することによって、むしろ内部公益通報受付窓口が使われていないことが従業員に知られ、そのことが利用をディスカレッジすることになりかねないですし、公益通報者が特定されてしまうリスクも高まります。逆に、件数が多いのであれば、制度が利用されいる（人気が高い）ことを示すことができるため、開示することは有用であるといえます。開示の趣旨は、通報制度が機能していることを示し、通報をすれば適切に対応してくれる（是正してくれる、守ってくれる）との期待を高め、通報を促すことにありますので、その趣旨を意識した開示を行うことが適切といえます。

　また、指針の解説22頁（本書206頁）では、「運用実績の労働者等及び役員への開示に当たっては、公益通報とそれ以外の通報とを厳密に区別する必要はない。」としています。この理由は、実務上、公益通報とその他のコンプライアンス違反の通報を分けずに扱っている場合が多い

ことから¹³⁹⁾、このような社会の実情を踏まえる必要があること、分けずに開示したとしても、期待感を高めるという実績開示が求められる趣旨を達成し得ることからです。

このほか、消費者庁の考え方として、グループ会社からの通報を受け付けている場合、どの会社からのものであるかを開示せず、合計で何件あったかのみを開示する方法や、実績を開示する場合に、複数の窓口の件数を合算して開示する方法についても、開示の効用を発揮しつつ、プライバシー等の保護の観点から適切であるのであれば許容され得るとされています¹⁴⁰⁾。

イ　「適正な業務の遂行及び利害関係人の秘密、信用、名誉、プライバシー等の保護に支障がない範囲において」

内部公益通報により寄せられる情報は、営業上の秘密に関連する情報、公益通報者特定情報、通報者以外の者（被通報者その他の関係者等）の情報が含まれている等、機密性が高いものです。そのため、内部公益通報により寄せられた情報については、そのまま開示することは想定されておらず、概要の開示で足りるとされており、概要の開示であっても、上記の機密性に配慮して開示することが求められています。この点に関連して、指針の解説22頁（本書206頁）では、「開示の内容・方法を検討する際には、公益通報者を特定させる事態が生じないよう十分に留意する必要がある。」とされています。

通報件数については、一般的には上記支障が生じないといえますが、例えば、通報が1件しかなく、かつ、これを明らかにすることによって誰が通報者か特定されるような事情がある場合には、件数を開示しない方が適

---

139) 消費者庁が民間事業者に対して行った調査において、内部通報制度で対象としている通報内容について尋ねたところ、公益通報者保護法の対象となる法令違反行為に限定していない事業者が68.4％であり、限定している事業者20.7％と比べて多かった（消費者庁「平成28年度　民間事業者における内部通報制度の実態調査報告書」39頁）。また、同調査において、寄せられた通報が法令違反に関するものである場合、どのような法令が多いかを尋ねたところ、公益通報者保護法の対象か否かを含めどのような法令違反に当たるのかを特に区別していないため分からないとの回答が34.5％と最も多かった（同報告書49頁）。

140) 意見募集への回答別表48頁掲載の消費者庁の考え方参照

切な場合もあります。

　適正な業務の遂行及び利害関係人の秘密、信用、名誉、プライバシー等の保護に支障がないと言える場合には、指針本文第4.3(3)ハとの関係では、実績の開示にあたり、内部公益通報をした者その他関係者の同意を得る必要はありませんが[141]、範囲外共有防止措置（指針本文第4.2(2)イ）に抵触をしないよう気を付ける必要があります。また、範囲外共有防止措置に抵触しない程度の開示態様であっても、具体的な内容を広い範囲に明らかにする場合には、後日のトラブルを避け、内部公益通報対応体制の信用性を損なわないようにするため、通報者の同意を得ておいた方が望ましいといえます。

ウ　「労働者等及び役員に開示する」

　「労働者等及び役員」とあるため、公益通報をすることが想定される者のうち、退職者に対して開示する必要はなく、労働者・役員に対してのみ開示すれば足りることになります。これは、特定の労働者・役員に対して開示すれば足りるということではなく、非正規労働者を含め、内部公益通報対応体制の利用が想定されるすべての労働者・役員に対して開示する必要があります。

　指針上は、事業者内部の者に開示することしか求められていません。指針検討会では、外部への開示を求めるか否かについても議論になりましたが、通報者保護に支障が生じ得る場合があること、開示に伴う費用負担があること等の反対意見もあり、結論として、外部に開示することは指針には盛り込まれませんでした[142]。他方で、指針の解説22頁（本書206頁）では、推奨事項として、「各事業者における内部公益通報対応体制の実効性の程度は、自浄作用の発揮を通じた企業価値の維持・向上にも関わるものであり、消費者、取引先、労働者等・役員、株主・投資家、債権者、地域社会等のステークホルダーにとっても重要な情報であるため、運用実績の概要や内部公益通報対応体制の評価・点検の結果を、CSR報告書や

---

141) 意見募集への回答別表48頁掲載の消費者庁の考え方参照
142) 「第3回 公益通報者保護法に基づく指針等に関する検討会 議事要旨」4～6頁参照

ウェブサイト等を活用して開示する等、実効性の高いガバナンス体制を構築していることを積極的に対外的にアピールしていくことが望ましい。」とされています。近年、企業の情報開示において、非財務情報の重要性が世界的に高まっており、我が国においても、非財務情報の開示の在り方に関する研究が進められていますが[143]、通報者により得られた情報は、通報対象事実に限らず、事業者内部に潜在する問題点を把握するための貴重な情報であり、これらの情報を有効に経営に活用し、その結果を対外的に開示していくことは、投資や取引、優秀な人材の獲得を促し、企業価値の向上に資するといえます。

④　内部規程の策定及び運用に関する措置

内部規程の策定及び運用に関する措置について、指針本文（第4.3(4)）では以下のように規定されています。

> 3　事業者は、内部公益通報対応体制を実効的に機能させるための措置として、次の措置をとらなければならない。
> (4)　内部規程の策定及び運用に関する措置
> 　　この指針において求められる事項について、内部規程において定め、また、当該規程の定めに従って運用する。

(1)　指針の趣旨

この指針本文の趣旨について、指針の解説23頁（本書207頁）では、「事業者において、指針に沿った内部公益通報対応体制の整備等を確実に行うに当たっては、指針の内容を当該事業者において守るべきルールとして明確にし、担当者が交代することによって対応が変わることや、対応がルールに沿ったものか否かが不明確となる事態等が生じないようにすることが重要であり、その観点からはルールを規程として明確に定めることが必要となる。調査の権限が定められていなければ、例えば、調査の対象者において調査に

143）経済産業省「非財務情報の開示指針研究会」（2021年6月〜。座長：北川哲雄青山学院大学名誉教授）

従うべきか疑義が生じ、実効的な調査が実施できない場合もある。また、規程に沿って運用がされなければ規程を定める意味がない。」とされています。

　すなわち、指針の内容について事業者の役職員を拘束する明確なルールとして定め、かつ、そのルールどおりに運用させることで、指針の内容を実現することが主な趣旨になります。

(2)　**逐条解説**

　ア　「この指針において求められる事項について、内部規程において定め」

　　㋐　「この指針において求められる事項について」

　　　「この指針において求められる事項」とは、指針において求められているすべての事項をいい、例えば、外部通報を理由とする不利益な取扱いから保護する体制（指針本文第 4.2.(1)）等も含みます。

　　　また、あくまで推奨事項ではありますが、指針の解説 23 頁（本書 207 頁）では、望ましい取組として以下のものを挙げています。

　　➤　内部公益通報の受付から調査・是正措置の実施までを適切に行うため、幹部を責任者とし、幹部の役割を内部規程等において明文化することが望ましい。

　　➤　労働者等及び役員は、例えば、担当部署による調査に誠実に協力しなければならないこと、調査を妨害する行為はしてはならないこと等を、内部規程に明記することが望ましい。

　　㋑　「内部規程において」

　　　「内部規程」とは、必ずしも「……規程」という名称であることは必要ありませんが[144]、(1)の趣旨からすれば、実質的に、一定の継続性をもって存続するものであることが必要であり、また、指針本文第 4.3(1)（教育・周知）からすれば、その内容が、労働者・役員・退職者に知られ得る状況にあることが必要といえます。例えば、誰かの一存で直ちに内容が変更できるものについては、内部規程とは評価できないといえます。

　　　他方で、状況に応じて柔軟かつ迅速にルールを変更した方が公益通報

---

[144]　意見募集への回答別表 48 頁掲載の消費者庁の考え方参照

対応業務の円滑な遂行にあたり望ましい場合もあり、内部通報対応体制に関する全ての内容を内部規程において定めることが適切であるともいえません。少なくとも指針で求められている事項については、体制整備等義務という法律上の義務として求められる内容であるため、内部規程に定めることが必要ですが、具体的な対応等に関する細かい部分については、部内限りのマニュアルに定め、当該マニュアルはその時々の状況に応じて柔軟かつ迅速に改定をしていくことが適切といえる場合もあります。

(ウ)　「定め」

　「定め」とは、単に運用上実施しているというだけでは足りず、内部規程に明確に定める必要があるということを意味します。例えば、役員からの公益通報について事実上受け付けていたとしても、内部規程における通報受付の範囲に役員が含まれていなければ、指針に沿った対応とはいえません。運用については、担当者・責任者が変わる等の事情により、後日変わるおそれがあるからです。

イ　「当該規程の定めに従って運用する」

　「当該規程の定めに従って運用する」とは、個々の対応について、規程の定める内容に沿って行われなければならないということです。例えば、内部規程において「公益通報を受け付ける」と定めたにもかかわらず、匿名の公益通報を受け付けないという対応をとる場合には、「規程の定めに従って運用」したとはいえません。

資　料

資　料

〇公益通報者保護法（平成十六年法律第百二十二号）
※2022年6月1日に改正法施行後のもの

　　　　第一章　総則

（目的）
第一条　この法律は、公益通報をしたことを理由とする公益通報者の解雇の無効及び不利益な取扱いの禁止等並びに公益通報に関し事業者及び行政機関がとるべき措置等を定めることにより、公益通報者の保護を図るとともに、国民の生命、身体、財産その他の利益の保護に関わる法令の規定の遵守を図り、もって国民生活の安定及び社会経済の健全な発展に資することを目的とする。

（定義）
第二条　この法律において「公益通報」とは、次の各号に掲げる者が、不正の利益を得る目的、他人に損害を加える目的その他の不正の目的でなく、当該各号に定める事業者（法人その他の団体及び事業を行う個人をいう。以下同じ。）（以下「役務提供先」という。）又は当該役務提供先の事業に従事する場合におけるその役員（法人の取締役、執行役、会計参与、監査役、理事、監事及び清算人並びにこれら以外の者で法令（法律及び法律に基づく命令をいう。以下同じ。）の規定に基づき法人の経営に従事している者（会計監査人を除く。）をいう。以下同じ。）、従業員、代理人その他の者について通報対象事実が生じ、又はまさに生じようとしている旨を、当該役務提供先若しくは当該役務提供先があらかじめ定めた者（以下「役務提供先等」という。）、当該通報対象事実について処分（命令、取消しその他公権力の行使に当たる行為をいう。以下同じ。）若しくは勧告等（勧告その他処分に当たらない行為をいう。以下同じ。）をする権限を有する行政機関若しくは当該行政機関があらかじめ定めた者（次条第二号及び第六条第二号において「行政機関等」という。）又はその者に対し当該通報対象事実を通報することがその発生若しくはこれによる被害の拡大を防止するために必要であると認められる者（当該通報対象事実により被害を受け又は受けるおそれがある者を含み、当該役務提供先の競争上の地位その他正当な利益を害するおそれがある者を除く。次条第三号及び第六条第三号において同じ。）に通報することをいう。
一　労働者（労働基準法（昭和二十二年法律第四十九号）第九条に規定する労働者をいう。以下同じ。）又は労働者であった者　当該労働者又は労働者であった者を自ら使用し、又は当該通報の日前一年以内に自ら使用していた事業者（次号に定める事業者を除く。）
二　派遣労働者（労働者派遣事業の適正な運営の確保及び派遣労働者の保護等に関する法律（昭和六十年法律第八十八号。第四条において「労働者派遣法」という。）第二条第二号に規定する派遣労働者をいう。以下同じ。）又は派遣労働者であった者　当該派遣労働者又は派遣労働者であった者に係る労働者派遣（同条第一号に規定する労働者派遣をいう。第四条及び第五条第二項において同じ。）の役務の提供を受け、又は当該通報の日前一年以内に受けていた事業者
三　前二号に定める事業者が他の事業者との請負契約その他の契約に基づいて事業を行い、又は行っていた場合において、当該事業に従事し、又は当該通報の日前一年以内に従事していた労働者若しくは労働者であった者又は派遣労働者若しくは派遣労働者で

　　あった者　当該他の事業者
　四　役員　次に掲げる事業者
　　イ　当該役員に職務を行わせる事業者
　　ロ　イに掲げる事業者が他の事業者との請負契約その他の契約に基づいて事業を行う
　　　場合において、当該役員が当該事業に従事するときにおける当該他の事業者
2　この法律において「公益通報者」とは、公益通報をした者をいう。
3　この法律において「通報対象事実」とは、次の各号のいずれかの事実をいう。
　一　この法律及び個人の生命又は身体の保護、消費者の利益の擁護、環境の保全、公正な
　　競争の確保その他の国民の生命、身体、財産その他の利益の保護に関わる法律として別
　　表に掲げるもの（これらの法律に基づく命令を含む。以下この項において同じ。）に規
　　定する罪の犯罪行為の事実又はこの法律及び同表に掲げる法律に規定する過料の理由
　　とされている事実
　二　別表に掲げる法律の規定に基づく処分に違反することが前号に掲げる事実となる場
　　合における当該処分の理由とされている事実（当該処分の理由とされている事実が同
　　表に掲げる法律の規定に基づく他の処分に違反し、又は勧告等に従わない事実である
　　場合における当該他の処分又は勧告等の理由とされている事実を含む。）
4　この法律において「行政機関」とは、次に掲げる機関をいう。
　一　内閣府、宮内庁、内閣府設置法（平成十一年法律第八十九号）第四十九条第一項若し
　　くは第二項に規定する機関、国家行政組織法（昭和二十三年法律第百二十号）第三条第
　　二項に規定する機関、法律の規定に基づき内閣の所轄の下に置かれる機関若しくはこ
　　れらに置かれる機関又はこれらの機関の職員であって法律上独立に権限を行使するこ
　　とを認められた職員
　二　地方公共団体の機関（議会を除く。）

　　　　第二章　公益通報をしたことを理由とする公益通報者の解雇の無効及び不利益な取
　　　　　扱いの禁止等

（解雇の無効）
第三条　労働者である公益通報者が次の各号に掲げる場合においてそれぞれ当該各号に定
　める公益通報をしたことを理由として前条第一項第一号に定める事業者（当該労働者を
　自ら使用するものに限る。第九条において同じ。）が行った解雇は、無効とする。
　一　通報対象事実が生じ、又はまさに生じようとしていると思料する場合　当該役務提
　　供先等に対する公益通報
　二　通報対象事実が生じ、若しくはまさに生じようとしていると信ずるに足りる相当の
　　理由がある場合又は通報対象事実が生じ、若しくはまさに生じようとしていると思料
　　し、かつ、次に掲げる事項を記載した書面（電子的方式、磁気的方式その他人の知覚に
　　よっては認識することができない方式で作られる記録を含む。次号ホにおいて同じ。）
　　を提出する場合　当該通報対象事実について処分又は勧告等をする権限を有する行政
　　機関等に対する公益通報
　　イ　公益通報者の氏名又は名称及び住所又は居所
　　ロ　当該通報対象事実の内容
　　ハ　当該通報対象事実が生じ、又はまさに生じようとしていると思料する理由
　　ニ　当該通報対象事実について法令に基づく措置その他適当な措置がとられるべきと
　　　思料する理由
　三　通報対象事実が生じ、又はまさに生じようとしていると信ずるに足りる相当の理由
　　があり、かつ、次のいずれかに該当する場合　その者に対し当該通報対象事実を通報す
　　ることがその発生又はこれによる被害の拡大を防止するために必要であると認められ
　　る者に対する公益通報
　　イ　前二号に定める公益通報をすれば解雇その他不利益な取扱いを受けると信ずるに
　　　足りる相当の理由がある場合
　　ロ　第一号に定める公益通報をすれば当該通報対象事実に係る証拠が隠滅され、偽造

　　　　され、又は変造されるおそれがあると信ずるに足りる相当の理由がある場合

　　　ハ　第一号に定める公益通報をすれば、役務提供先が、当該公益通報者について知り得
　　　　た事項を、当該公益通報者を特定させるものであることを知りながら、正当な理由が
　　　　なくて漏らすと信ずるに足りる相当の理由がある場合

　　　ニ　役務提供先から前二号に定める公益通報をしないことを正当な理由がなくて要求
　　　　された場合

　　　ホ　書面により第一号に定める公益通報をした日から二十日を経過しても、当該通報
　　　　対象事実について、当該役務提供先等から調査を行う旨の通知がない場合又は当該
　　　　役務提供先等が正当な理由がなくて調査を行わない場合

　　　ヘ　個人の生命若しくは身体に対する危害又は個人（事業を行う場合におけるものを
　　　　除く。以下このヘにおいて同じ。）の財産に対する損害（回復することができない損
　　　　害又は著しく多数の個人における多額の損害であって、通報対象事実を直接の原因
　　　　とするものに限る。第六条第二号ロ及び第三号ロにおいて同じ。）が発生し、又は発
　　　　生する急迫した危険があると信ずるに足りる相当の理由がある場合

　　（労働者派遣契約の解除の無効）
　第四条　第二条第一項第二号に定める事業者（当該派遣労働者に係る労働者派遣の役務の
　　提供を受けるものに限る。以下この条及び次条第二項において同じ。）の指揮命令の下に
　　労働する派遣労働者である公益通報者が前条各号に定める公益通報をしたことを理由と
　　して第二条第一項第二号に定める事業者が行った労働者派遣契約（労働者派遣法第二十
　　六条第一項に規定する労働者派遣契約をいう。）の解除は、無効とする。

　　（不利益取扱いの禁止）
　第五条　第三条に規定するもののほか、第二条第一項第一号に定める事業者は、その使用し、
　　又は使用していた公益通報者が第三条各号に定める公益通報をしたことを理由として、
　　当該公益通報者に対して、降格、減給、退職金の不支給その他不利益な取扱いをしてはな
　　らない。

　2　前条に規定するもののほか、第二条第一項第二号に定める事業者は、その指揮命令の下
　　に労働する派遣労働者である公益通報者が第三条各号に定める公益通報をしたことを理
　　由として、当該公益通報者に対して、当該公益通報者に係る労働者派遣をする事業者に派
　　遣労働者の交代を求めることその他不利益な取扱いをしてはならない。

　3　第二条第一項第四号に定める事業者（同号イに掲げる事業者に限る。次条及び第八条第
　　四項において同じ。）は、その職務を行わせ、又は行わせていた公益通報者が次条各号に
　　定める公益通報をしたことを理由として、当該公益通報者に対して、報酬の減額その他不
　　利益な取扱い（解任を除く。）をしてはならない。

　　（役員を解任された場合の損害賠償請求）
　第六条　役員である公益通報者は、次の各号に掲げる場合においてそれぞれ当該各号に定
　　める公益通報をしたことを理由として第二条第一項第四号に定める事業者から解任され
　　た場合には、当該事業者に対し、解任によって生じた損害の賠償を請求することができる。

　　一　通報対象事実が生じ、又はまさに生じようとしていると思料する場合　当該役務提
　　　供先等に対する公益通報

　　二　次のいずれかに該当する場合　当該通報対象事実について処分又は勧告等をする権
　　　限を有する行政機関等に対する公益通報

　　　イ　調査是正措置（善良な管理者と同一の注意をもって行う、通報対象事実の調査及び
　　　　その是正のために必要な措置をいう。次号イにおいて同じ。）をとることに努めたに
　　　　もかかわらず、なお当該通報対象事実が生じ、又はまさに生じようとしていると信ず
　　　　るに足りる相当の理由がある場合

　　　ロ　通報対象事実が生じ、又はまさに生じようとしていると信ずるに足りる相当の理
　　　　由があり、かつ、個人の生命若しくは身体に対する危害又は個人（事業を行う場合に
　　　　おけるものを除く。）の財産に対する損害が発生し、又は発生する急迫した危険があ
　　　　ると信ずるに足りる相当の理由がある場合

　三　次のいずれかに該当する場合　その者に対し通報対象事実を通報することがその発生又はこれによる被害の拡大を防止するために必要であると認められる者に対する公益通報
　　イ　調査是正措置をとることに努めたにもかかわらず、なお当該通報対象事実が生じ、又はまさに生じようとしていると信ずるに足りる相当の理由があり、かつ、次のいずれかに該当する場合
　　　⑴　前二号に定める公益通報をすれば解任、報酬の減額その他不利益な取扱いを受けると信ずるに足りる相当の理由がある場合
　　　⑵　第一号に定める公益通報をすれば当該通報対象事実に係る証拠が隠滅され、偽造され、又は変造されるおそれがあると信ずるに足りる相当の理由がある場合
　　　⑶　役務提供先から前二号に定める公益通報をしないことを正当な理由がなくて要求された場合
　　ロ　通報対象事実が生じ、又はまさに生じようとしていると信ずるに足りる相当の理由があり、かつ、個人の生命若しくは身体に対する危害又は個人（事業を行う場合におけるものを除く。）の財産に対する損害が発生し、又は発生する急迫した危険があると信ずるに足りる相当の理由がある場合

　（損害賠償の制限）
第七条　第二条第一項各号に定める事業者は、第三条各号及び前条各号に定める公益通報によって損害を受けたことを理由として、当該公益通報をした公益通報者に対して、賠償を請求することができない。

　（解釈規定）
第八条　第三条から前条までの規定は、通報対象事実に係る通報をしたことを理由として第二条第一項各号に掲げる者に対して解雇その他不利益な取扱いをすることを禁止する他の法令の規定の適用を妨げるものではない。
２　第三条の規定は、労働契約法（平成十九年法律第百二十八号）第十六条の規定の適用を妨げるものではない。
３　第五条第一項の規定は、労働契約法第十四条及び第十五条の規定の適用を妨げるものではない。
４　第六条の規定は、通報対象事実に係る通報をしたことを理由として第二条第一項第四号に定める事業者から役員を解任された者が当該事業者に対し解任によって生じた損害の賠償を請求することができる旨の他の法令の規定の適用を妨げるものではない。

　（一般職の国家公務員等に対する取扱い）
第九条　第三条各号に定める公益通報をしたことを理由とする一般職の国家公務員、裁判所職員臨時措置法（昭和二十六年法律第二百九十九号）の適用を受ける裁判所職員、国会職員法（昭和二十二年法律第八十五号）の適用を受ける国会職員、自衛隊法（昭和二十九年法律第百六十五号）第二条第五項に規定する隊員及び一般職の地方公務員（以下この条において「一般職の国家公務員等」という。）に対する免職その他不利益な取扱いの禁止については、第三条から第五条までの規定にかかわらず、国家公務員法（昭和二十二年法律第百二十。裁判所職員臨時措置法において準用する場合を含む。）、国会職員法、自衛隊法及び地方公務員法（昭和二十五年法律第二百六十一号）の定めるところによる。この場合において、第二条第一項第一号に定める事業者は、第三条各号に定める公益通報をしたことを理由として一般職の国家公務員等に対して免職その他不利益な取扱いがされることのないよう、これらの法律の規定を適用しなければならない。

　（他人の正当な利益等の尊重）
第十条　第三条各号及び第六条各号に定める公益通報をする者は、他人の正当な利益又は公共の利益を害することのないよう努めなければならない。

第三章　事業者がとるべき措置等

（事業者がとるべき措置）

第十一条　事業者は、第三条第一号及び第六条第一号に定める公益通報を受け、並びに当該
　　公益通報に係る通報対象事実の調査をし、及びその是正に必要な措置をとる業務（次条に
　　おいて「公益通報対応業務」という。）に従事する者（次条において「公益通報対応業務
　　従事者」という。）を定めなければならない。

２　事業者は、前項に定めるもののほか、公益通報者の保護を図るとともに、公益通報の内
　　容の活用により国民の生命、身体、財産その他の利益の保護に関わる法令の規定の遵守を
　　図るため、第三条第一号及び第六条第一号に定める公益通報に応じ、適切に対応するため
　　に必要な体制の整備その他の必要な措置をとらなければならない。

３　常時使用する労働者の数が三百人以下の事業者については、第一項中「定めなければ」
　　とあるのは「定めるように努めなければ」と、前項中「とらなければ」とあるのは「とる
　　ように努めなければ」とする。

４　内閣総理大臣は、第一項及び第二項（これらの規定を前項の規定により読み替えて適用
　　する場合を含む。）の規定に基づき事業者がとるべき措置に関して、その適切かつ有効な
　　実施を図るために必要な指針（以下この条において単に「指針」という。）を定めるもの
　　とする。

５　内閣総理大臣は、指針を定めようとするときは、あらかじめ、消費者委員会の意見を聴
　　かなければならない。

６　内閣総理大臣は、指針を定めたときは、遅滞なく、これを公表するものとする。

７　前二項の規定は、指針の変更について準用する。

（公益通報対応業務従事者の義務）

第十二条　公益通報対応業務従事者又は公益通報対応業務従事者であった者は、正当な理
　　由がなく、その公益通報対応業務に関して知り得た事項であって公益通報者を特定させ
　　るものを漏らしてはならない。

（行政機関がとるべき措置）

第十三条　通報対象事実について処分又は勧告等をする権限を有する行政機関は、公益通
　　報者から第三条第二号及び第六条第二号に定める公益通報をされた場合には、必要な調
　　査を行い、当該公益通報に係る通報対象事実があると認めるときは、法令に基づく措置そ
　　の他適当な措置をとらなければならない。

２　通報対象事実について処分又は勧告等をする権限を有する行政機関（第二条第四項第
　　一号に規定する職員を除く。）は、前項に規定する措置の適切な実施を図るため、第三条
　　第二号及び第六条第二号に定める公益通報に応じ、適切に対応するために必要な体制の
　　整備その他の必要な措置をとらなければならない。

３　第一項の公益通報が第二条第三項第一号に掲げる犯罪行為の事実を内容とする場合に
　　おける当該犯罪の捜査及び公訴については、前二項の規定にかかわらず、刑事訴訟法（昭
　　和二十三年法律第百三十一号）の定めるところによる。

（教示）

第十四条　前条第一項の公益通報が誤って当該公益通報に係る通報対象事実について処分
　　又は勧告等をする権限を有しない行政機関に対してされたときは、当該行政機関は、当該
　　公益通報者に対し、当該公益通報に係る通報対象事実について処分又は勧告等をする権
　　限を有する行政機関を教示しなければならない。

第四章　雑則

（報告の徴収並びに助言、指導及び勧告）

第十五条　内閣総理大臣は、第十一条第一項及び第二項（これらの規定を同条第三項の規定

により読み替えて適用する場合を含む。）の規定の施行に関し必要があると認めるときは、事業者に対して、報告を求め、又は助言、指導若しくは勧告をすることができる。

　（公表）
第十六条　内閣総理大臣は、第十一条第一項及び第二項の規定に違反している事業者に対し、前条の規定による勧告をした場合において、その勧告を受けた者がこれに従わなかったときは、その旨を公表することができる。

　（関係行政機関への照会等）
第十七条　内閣総理大臣は、この法律の規定に基づく事務に関し、関係行政機関に対し、照会し、又は協力を求めることができる。

　（内閣総理大臣による情報の収集、整理及び提供）
第十八条　内閣総理大臣は、公益通報及び公益通報者の状況に関する情報その他その普及が公益通報者の保護及び公益通報の内容の活用による国民の生命、身体、財産その他の利益の保護に関わる法令の規定の遵守に資することとなる情報の収集、整理及び提供に努めなければならない。

　（権限の委任）
第十九条　内閣総理大臣は、この法律による権限（政令で定めるものを除く。）を消費者庁長官に委任する。

　（適用除外）
第二十条　第十五条及び第十六条の規定は、国及び地方公共団体に適用しない。

　　　第五章　罰則

第二十一条　第十二条の規定に違反して同条に規定する事項を漏らした者は、三十万円以下の罰金に処する。

第二十二条　第十五条の規定による報告をせず、又は虚偽の報告をした者は、二十万円以下の過料に処する。

別表（第二条関係）
　一　刑法（明治四十年法律第四十五号）
　二　食品衛生法（昭和二十二年法律第二百三十三号）
　三　金融商品取引法（昭和二十三年法律第二十五号）
　四　日本農林規格等に関する法律（昭和二十五年法律第百七十五号）
　五　大気汚染防止法（昭和四十三年法律第九十七号）
　六　廃棄物の処理及び清掃に関する法律（昭和四十五年法律第百三十七号）
　七　個人情報の保護に関する法律（平成十五年法律第五十七号）
　八　前各号に掲げるもののほか、個人の生命又は身体の保護、消費者の利益の擁護、環境の保全、公正な競争の確保その他の国民の生命、身体、財産その他の利益の保護に関わる法律として政令で定めるもの

○公益通報者保護法第11条第1項及び第2項の規定に基づき事業者がとるべき措置に関して、その適切かつ有効な実施を図るために必要な指針

令和3年8月20日内閣府告示第118号

第1　はじめに

　　この指針は、公益通報者保護法（平成16年法律第122号。以下「法」という。）第11条第4項の規定に基づき、同条第1項に規定する公益通報対応業務従事者の定め及び同条第2項に規定する事業者内部における公益通報に応じ、適切に対応するために必要な体制の整備その他の必要な措置に関して、その適切かつ有効な実施を図るために必要な事項を定めたものである。

第2　用語の説明

　　「公益通報」とは、法第2条第1項に定める「公益通報」をいい、処分等の権限を有する行政機関やその他外部への通報が公益通報となる場合も含む。

　　「公益通報者」とは、法第2条第2項に定める「公益通報者」をいい、公益通報をした者をいう。

　　「内部公益通報」とは、法第3条第1号及び第6条第1号に定める公益通報をいい、通報窓口への通報が公益通報となる場合だけではなく、上司等への報告が公益通報となる場合も含む。

　　「事業者」とは、法第2条第1項に定める「事業者」をいい、営利の有無を問わず、一定の目的をもってなされる同種の行為の反復継続的遂行を行う法人その他の団体及び事業を行う個人であり、法人格を有しない団体、国・地方公共団体などの公法人も含まれる。

　　「労働者等」とは、法第2条第1項に定める「労働者」及び「派遣労働者」をいい、その者の同項に定める「役務提供先等」への通報が内部公益通報となり得る者をいう。

　　「役員」とは、法第2条第1項に定める「役員」をいい、その者の同項に定める「役務提供先等」への通報が内部公益通報となり得る者をいう。

　　「退職者」とは、労働者等であった者をいい、その者の法第2条第1項に定める「役務提供先等」への通報が内部公益通報となり得る者をいう。

　　「労働者及び役員等」とは、労働者等及び役員のほか、法第2条第1項に定める「代理人その他の者」をいう。

　　「通報対象事実」とは、法第2条第3項に定める「通報対象事実」をいう。

　　「公益通報対応業務」とは、法第11条第1項に定める「公益通報対応業務」をいい、内部公益通報を受け、並びに当該内部公益通報に係る通報対象事実の調査をし、及びその是正に必要な措置をとる業務をいう。

　「従事者」とは、法第11条第１項に定める「公益通報対応業務従事者」をいう。

　「内部公益通報対応体制」とは、法第11条第２項に定める、事業者が内部公益通報に応じ、適切に対応するために整備する体制をいう。

　「内部公益通報受付窓口」とは、内部公益通報を部門横断的に受け付ける窓口をいう。

　「不利益な取扱い」とは、公益通報をしたことを理由として、当該公益通報者に対して行う解雇その他不利益な取扱いをいう。

　「範囲外共有」とは、公益通報者を特定させる事項を必要最小限の範囲を超えて共有する行為をいう。

　「通報者の探索」とは、公益通報者を特定しようとする行為をいう。

第３　従事者の定め（法第11条第１項関係）

１　事業者は、内部公益通報受付窓口において受け付ける内部公益通報に関して公益通報対応業務を行う者であり、かつ、当該業務に関して公益通報者を特定させる事項を伝達される者を、従事者として定めなければならない。

２　事業者は、従事者を定める際には、書面により指定をするなど、従事者の地位に就くことが従事者となる者自身に明らかとなる方法により定めなければならない。

第４　内部公益通報対応体制の整備その他の必要な措置（法第11条第２項関係）

１　事業者は、部門横断的な公益通報対応業務を行う体制の整備として、次の措置をとらなければならない。

（1）　内部公益通報受付窓口の設置等

　　内部公益通報受付窓口を設置し、当該窓口に寄せられる内部公益通報を受け、調査をし、是正に必要な措置をとる部署及び責任者を明確に定める。

（2）　組織の長その他幹部からの独立性の確保に関する措置

　　内部公益通報受付窓口において受け付ける内部公益通報に係る公益通報対応業務に関して、組織の長その他幹部に関係する事案については、これらの者からの独立性を確保する措置をとる。

（3）　公益通報対応業務の実施に関する措置

　　内部公益通報受付窓口において内部公益通報を受け付け、正当な理由がある場合を除いて、必要な調査を実施する。そして、当該調査の結果、通報対象事実に係る法令違反行為が明らかになった場合には、速やかに是正に必要な措置をとる。また、是正に必要な措置をとった後、当該措置が適切に機能しているかを確認し、適切に機能していない場合には、改めて是正に必要な措置をとる。

（4）　公益通報対応業務における利益相反の排除に関する措置

　　内部公益通報受付窓口において受け付ける内部公益通報に関し行われる公益通報

対応業務について、事案に関係する者を公益通報対応業務に関与させない措置をとる。

2　事業者は、公益通報者を保護する体制の整備として、次の措置をとらなければならない。
(1)　不利益な取扱いの防止に関する措置
　イ　事業者の労働者及び役員等が不利益な取扱いを行うことを防ぐための措置をとるとともに、公益通報者が不利益な取扱いを受けていないかを把握する措置をとり、不利益な取扱いを把握した場合には、適切な救済・回復の措置をとる。
　ロ　不利益な取扱いが行われた場合に、当該行為を行った労働者及び役員等に対して、行為態様、被害の程度、その他情状等の諸般の事情を考慮して、懲戒処分その他適切な措置をとる。
(2)　範囲外共有等の防止に関する措置
　イ　事業者の労働者及び役員等が範囲外共有を行うことを防ぐための措置をとり、範囲外共有が行われた場合には、適切な救済・回復の措置をとる。
　ロ　事業者の労働者及び役員等が、公益通報者を特定した上でなければ必要性の高い調査が実施できないなどのやむを得ない場合を除いて、通報者の探索を行うことを防ぐための措置をとる。
　ハ　範囲外共有や通報者の探索が行われた場合に、当該行為を行った労働者及び役員等に対して、行為態様、被害の程度、その他情状等の諸般の事情を考慮して、懲戒処分その他適切な措置をとる。

3　事業者は、内部公益通報対応体制を実効的に機能させるための措置として、次の措置をとらなければならない。
(1)　労働者等及び役員並びに退職者に対する教育・周知に関する措置
　イ　法及び内部公益通報対応体制について、労働者等及び役員並びに退職者に対して教育・周知を行う。また、従事者に対しては、公益通報者を特定させる事項の取扱いについて、特に十分に教育を行う。
　ロ　労働者等及び役員並びに退職者から寄せられる、内部公益通報対応体制の仕組みや不利益な取扱いに関する質問・相談に対応する。
(2)　是正措置等の通知に関する措置
　書面により内部公益通報を受けた場合において、当該内部公益通報に係る通報対象事実の中止その他是正に必要な措置をとったときはその旨を、当該内部公益通報に係る通報対象事実がないときはその旨を、適正な業務の遂行及び利害関係人の秘密、信用、名誉、プライバシー等の保護に支障がない範囲において、当該内部公益通報を行った者に対し、速やかに通知する。

(3)　記録の保管、見直し・改善、運用実績の労働者等及び役員への開示に関する措置
　　イ　内部公益通報への対応に関する記録を作成し、適切な期間保管する。
　　ロ　内部公益通報対応体制の定期的な評価・点検を実施し、必要に応じて内部公益通報対応体制の改善を行う。
　　ハ　内部公益通報受付窓口に寄せられた内部公益通報に関する運用実績の概要を、適正な業務の遂行及び利害関係人の秘密、信用、名誉、プライバシー等の保護に支障がない範囲において労働者等及び役員に開示する。
(4)　内部規程の策定及び運用に関する措置
　　この指針において求められる事項について、内部規程において定め、また、当該規程の定めに従って運用する。

資　料

> 本解説は、「公益通報者保護法の一部を改正する法律」
> （令和2年法律第51号）の施行時から適用される。

資料

公益通報者保護法に基づく指針

（令和3年内閣府告示第118号）の解説

令和3年10月

消費者庁

内容

1

公益通報者保護法に基づく指針（令和3年内閣府告示第118号）の解説

第1　はじめに

Ⅰ　本解説の目的

　　公益通報者保護法（平成16年法律第122号。以下「法」という。）第11条第1項及び第2項は、公益通報対応業務従事者を定めること及び事業者内部における公益通報に応じ、適切に対応するために必要な体制の整備その他の必要な措置をとることを事業者（国の行政機関及び地方公共団体を含む。）に義務付け（以下「公益通報対応体制整備義務等」という。）、内閣総理大臣は、これらの事項に関する指針を定め（同条第4項）、必要があると認める場合には事業者に対して勧告等をすることができる（法第15条）。

　　事業者がとるべき措置の具体的な内容は、事業者の規模、組織形態、業態、法令違反行為が発生する可能性の程度、ステークホルダーの多寡、労働者等及び役員や退職者の内部公益通報対応体制の活用状況、その時々における社会背景等によって異なり得る。そのため、法第11条第4項に基づき定められた「公益通報者保護法第11条第1項及び第2項の規定に基づき事業者がとるべき措置に関して、その適切かつ有効な実施を図るために必要な指針」[1]（令和3年内閣府告示第118号。以下「指針」という。）においては、事業者がとるべき措置の個別具体的な内容ではなく、事業者がとるべき措置の大要が示されている[2]。

　　事業者がとるべき措置の個別具体的な内容については、各事業者において、指針に沿った対応をとるためにいかなる取組等が必要であるかを、上記のような諸要素を踏まえて主体的に検討を行った上で、内部公益通報対応体制を整備・運用することが必要である。本解説は、事業者におけるこのような検討を後押しするため、「指針を遵守するために参考となる考え方や指針が求める措置に関する具体的な取組例」を示すとともに、「指針を遵守するための取組を超えて、事業者が自主的に取り組むことが期待される推奨事項に関する考え方や具体例」についても併せて示すものである[3] [4]。

Ⅱ　事業者における内部公益通報制度の意義

　　事業者が実効性のある内部公益通報対応体制を整備・運用することは、法令遵守の推進や組織の自浄作用の向上に寄与し、ステークホルダーや国民からの信頼の獲得にも資するものである。また、内部公益通報制度を積極的に活用したリスク管理等を通じて、事業者が適切に事業を運営し、充実した商品・サービスを提供していくことは、事業者の社会的責任を果たすとともに、ひいては持続可能な社会の形成に寄与するものである。

1　指針において定める事項は、法第11条第1項及び第2項に定める事業者の義務の内容を、その事業規模等にかかわらず具体化したものである。
2　常時使用する労働者数が300人以下の事業者については、事業者の規模や業種・業態等の実情に応じて可能な限り本解説に記載の事項に従った内部公益通報対応体制を整備・運用するよう努める必要がある。
3　本解説は、法第2条第1項に定める「事業者」を対象とするものである。本解説では、一般的な用語として用いられることの多い「社内調査」「子会社」等の表現を用いているが、これらが典型的に想定する会社形態の営利企業のみならず、同様の状況にあるその他の形態の事業者においても当てはまるものである。
4　本解説では、法が定める内部公益通報への対応体制等について記載しているが、内部公益通報には該当しない、事業者が定める内部規程等に基づく通報についても、本解説で規定する内容に準じた対応を行うよう努めることが望ましい。

　以上の意義を踏まえ、事業者は、公正で透明性の高い組織文化を育み、組織の自浄作用を健全に発揮させるため、経営トップの責務として、法令等を踏まえた内部公益通報対応体制を構築するとともに、事業者の規模や業種・業態等の実情に応じて一層充実した内部公益通報対応の仕組みを整備・運用することが期待される。

第2　本解説の構成

　本解説は、「公益通報者保護法に基づく指針等に関する検討会報告書」（令和3年4月21日公表）（以下「指針等検討会報告書」という。）の提言内容を基礎に、事業者のコンプライアンス経営への取組強化と社会経済全体の利益確保のために、法を踏まえて事業者が自主的に取り組むことが推奨される事項を記載した「公益通報者保護法を踏まえた内部通報制度の整備・運用に関する民間事業者向けガイドライン」（平成28年12月9日公表）（以下「民間事業者ガイドライン」という。）の規定を盛り込んだものである。

　そのため、本解説には、公益通報対応体制整備義務等及び指針を遵守するために必要な事項に加え、そのほかに事業者が自主的に取り組むことが推奨される事項が含まれている。指針の各規定の解説を記載した「第3　指針の解説」（構成は下記のとおり。）では、両者の区別の明確化のため、前者は『指針を遵守するための考え方や具体例』の項目に、後者は『その他の推奨される考え方や具体例』の項目にそれぞれ記載した。

項目	概要
①　『指針の本文』	指針の規定を項目ごとに記載した項目
②　『指針の趣旨』	指針の各規定について、その趣旨・目的・背景等を記載した項目
③　『指針を遵守するための考え方や具体例』	指針を遵守するために参考となる考え方（例：指針の解釈）や指針が求める措置に関する具体的な取組例を記載した項目
④　『その他の推奨される考え方や具体例』	指針を遵守するための取組を超えて、事業者が自主的に取り組むことが期待される推奨事項に関する考え方や具体例を記載した項目

　前述のとおり、指針を遵守するために事業者がとるべき措置の具体的な内容は、事業者の規模、組織形態、業態、法令違反行為が発生する可能性の程度、ステークホルダーの多寡、労働者等及び役員や退職者の内部公益通報対応体制の活用状況、その時々における社会背景等によって異なり得る。公益通報対応体制整備義務等が義務付けられている事業者は、従業員数300名程度の事業者から5万人を超えるグローバル企業まで多種多様であるところ、指針及び本解説において画一的に事業者がとるべき措置を定め、一律な対応を求めることは適切ではなく、また、現実的ではない。そのため、本解説は、指針に沿った対応をとるに当たり参考となる考え方や具体例を記載したものであり、本解説の具体例を採用しない場合であっても、事業者の状況等に即して本解説に示された具体例と類似又は同様の措置を講ずる等、適切な対応を行っていれば、公益通報対応体制整備義務等違反となるものではない。

3

　　事業者においては、まずは『指針を遵守するための考え方や具体例』に記載されている内容を踏まえつつ、各事業者の状況等を勘案して指針に沿った対応をとるための検討を行った上で、内部公益通報対応体制を整備・運用することが求められる。他方で、『その他の推奨される考え方や具体例』に記載されている内容についても、法の理念の達成や事業者の法令遵守の観点からは重要な考え方や取組であり、事業者がこれらの事項について取り組むことで、事業者のコンプライアンス経営の強化や社会経済全体の利益の確保がより一層促進することが期待される。

　　なお、本解説に用いる用語の意味は、本解説本文で定義している用語以外については指針において用いられているものと同様である。

4

第3 指針の解説
Ⅰ 従事者の定め（法第11条第1項関係）
　1 従事者として定めなければならない者の範囲
　　① 指針本文

> 事業者は、内部公益通報受付窓口において受け付ける内部公益通報に関して公益通報対応業務を行う者であり、かつ、当該業務に関して公益通報者を特定させる事項を伝達される者を、従事者として定めなければならない。

　　② 指針の趣旨
　　　公益通報者を特定させる事項の秘匿性を確保し、内部公益通報を安心して行うためには、公益通報対応業務のいずれの段階においても公益通報者を特定させる事項が漏れることを防ぐ必要がある。
　　　また、法第11条第2項において事業者に内部公益通報対応体制の整備等を求め、同条第1項において事業者に従事者を定める義務を課した趣旨は、公益通報者を特定させる事項について、法第12条の規定により守秘義務を負う従事者による慎重な管理を行わせるためであり、同趣旨を踏まえれば、内部公益通報受付窓口において受け付ける[5]内部公益通報に関して、公益通報者を特定させる事項[6]を伝達される者を従事者として定めることが求められる。

　　③ 指針を遵守するための考え方や具体例[7]
　　● 内部公益通報の受付、調査、是正に必要な措置の全て又はいずれかを主体的に行う業務及び当該業務の重要部分について関与する業務を行う場合に、「公益通報対応業務」に該当する。
　　● 事業者は、コンプライアンス部、総務部等の所属部署の名称にかかわらず、上記指針本文で定める事項に該当する者であるか否かを実質的に判断して、従事者として定める必要がある。
　　● 事業者は、内部公益通報受付窓口において受け付ける内部公益通報に関して公益通報対応業務を行うことを主たる職務とする部門の担当者を、従事者として定める必要がある。それ以外の部門の担当者であっても、事案により上記指針本文で定める事項に該当する場合には、必要が生じた都度、従事者として定める必要があ

---

5 内部公益通報を「受け付ける」とは、内部公益通報受付窓口のものとして表示された連絡先（電話番号、メールアドレス等）に直接内部公益通報がされた場合だけではなく、例えば、公益通報対応業務に従事する担当者個人のメールアドレス宛てに内部公益通報があった場合等、実質的に同窓口において内部公益通報を受け付けたといえる場合を含む。
6 「公益通報者を特定させる事項」とは、公益通報をした人物が誰であるか「認識」することができる事項をいう。公益通報者の氏名、社員番号等のように当該人物に固有の事項を伝達される場合が典型例であるが、性別等の一般的な属性であっても、当該属性と他の事項とを照合させることにより、排他的に特定の人物が公益通報者であると判断できる場合には、該当する。「認識」とは刑罰法規の明確性の観点から、公益通報者を排他的に認識できることを指す。
7 実効性の高い内部公益通報制度を運用するためには、公益通報者対応、調査、事実認定、是正措置、再発防止、適正手続の確保、情報管理、周知啓発等に係る担当者の誠実・公正な取組と知識・スキルの向上が重要であるため、必要な能力・適性を有する者を従事者として配置することが重要である。

る[8]。

④　その他に推奨される考え方や具体例
● 　必要が生じた都度従事者として定める場合においては、従事者の指定を行うことにより、社内調査等が公益通報を端緒としていることを当該指定された者に事実上知らせてしまう可能性がある。そのため、公益通報者保護の観点からは、従事者の指定をせずとも公益通報者を特定させる事項を知られてしまう場合を除いて、従事者の指定を行うこと自体の是非について慎重に検討することも考えられる。

２　従事者を定める方法
①　指針本文

> 事業者は、従事者を定める際には、書面により指定をするなど、従事者の地位に就くことが従事者となる者自身に明らかとなる方法により定めなければならない。

②　指針の趣旨
　　従事者は、法第 12 条において、公益通報者を特定させる事項について、刑事罰により担保された守秘義務を負う者であり、公益通報者を特定させる事項に関して慎重に取り扱い、予期に反して刑事罰が科される事態を防ぐため、自らが刑事罰で担保された守秘義務を負う立場にあることを明確に認識している必要がある。

③　指針を遵守するための考え方や具体例
● 　従事者を定める方法として、従事者に対して個別に通知する方法のほか、内部規程等において部署・部署内のチーム・役職等の特定の属性で指定することが考えられる。後者の場合においても、従事者の地位に就くことを従事者となる者自身に明らかにする必要がある。
● 　従事者を事業者外部に委託する際においても、同様に、従事者の地位に就くことが従事者となる者自身に明らかとなる方法により定める必要がある。

8　公益通報の受付、調査、是正に必要な措置について、主体的に行っておらず、かつ、重要部分について関与していない者は、「公益通報対応業務」を行っているとはいえないことから、従事者として定める対象には該当しない。例えば、社内調査等におけるヒアリングの対象者、職場環境を改善する措置に職場内において参加する労働者等、製造物の品質不正事案に関する社内調査において品質の再検査を行う者等であって、公益通報の内容を伝えられたにとどまる者等は、公益通報の受付、調査、是正に必要な措置について、主体的に行っておらず、かつ、重要部分について関与していないことから、たとえ調査上の必要性に応じて公益通報者を特定させる事項を伝達されたとしても、従事者として定めるべき対象には該当しない。ただし、このような場合であっても、事業者における労働者等及び役員として、内部規程に基づき（本解説本文第３．Ⅱ．３．（４）「内部規程の策定及び運用に関する措置」参照）範囲外共有（本解説本文第３．Ⅱ．２．（２）「範囲外共有等の防止に関する措置」参照）をしてはならない義務を負う。

Ⅱ　内部公益通報対応体制の整備その他の必要な措置（法第 11 条第 2 項関係）
　1　部門横断的な公益通報対応業務を行う体制の整備
　（1）　内部公益通報受付窓口の設置等
　　　①　指針本文

> 　内部公益通報受付窓口を設置し、当該窓口に寄せられる内部公益通報を受け、
> 調査をし、是正に必要な措置をとる部署及び責任者を明確に定める。

　　　②　指針の趣旨
　　　　事業者において、通報対象事実に関する情報を早期にかつ円滑に把握するために
　　　は、内部公益通報を部門横断的に受け付ける[9]窓口を設けることが極めて重要で
　　　ある。そして、公益通報対応業務が責任感を持って実効的に行われるためには、責
　　　任の所在を明確にする必要があるため、内部公益通報受付窓口において受け付け
　　　る内部公益通報に関する公益通報対応業務を行う部署及び責任者[10]を明確に定め
　　　る必要がある。このような窓口及び部署は、職制上のレポーティングライン[11]も含
　　　めた複数の通報・報告ラインとして、法令違反行為を是正することに資するもので
　　　あり、ひいては法令違反行為の抑止にもつながるものである。

　　　③　指針を遵守するための考え方や具体例
　　　●　ある窓口が内部公益通報受付窓口に当たるかは、その名称ではなく、部門横断
　　　　的に内部公益通報を受け付けるという実質の有無により判断される。
　　　●　調査や是正に必要な措置について内部公益通報受付窓口を所管する部署や責
　　　　任者とは異なる部署や責任者を定めることも可能である。
　　　●　内部公益通報受付窓口については、事業者内の部署に設置するのではなく、事
　　　　業者外部（外部委託先、親会社等）に設置することや、事業者の内部と外部の双
　　　　方に設置することも可能である。
　　　●　組織の実態に応じて、内部公益通報受付窓口が他の通報窓口（ハラスメント通
　　　　報・相談窓口等）を兼ねることや、内部公益通報受付窓口を設置した上、これと
　　　　は別に不正競争防止法違反等の特定の通報対象事実に係る公益通報のみを受け
　　　　付ける窓口を設置することが可能である。
　　　●　調査・是正措置の実効性を確保するための措置を講ずることが必要である。例
　　　　えば、公益通報対応業務の担当部署への調査権限や独立性の付与、必要な人員・
　　　　予算等の割当等の措置が考えられる。

　　　④　その他に推奨される考え方や具体例[12]

9　「部門横断的に受け付ける」とは、個々の事業部門から独立して、特定の部門からだけではなく、全部
　門ないしこれに準ずる複数の部門から受け付けることを意味する。
10　「部署及び責任者」とは、内部公益通報受付窓口を経由した内部公益通報に係る公益通報対応業務に
　ついて管理・統括する部署及び責任者をいう。
11　「職制上のレポーティングライン」とは、組織内において指揮監督権を有する上長等に対する報告系
　統のことをいう。職制上のレポーティングラインにおける報告（いわゆる上司等への報告）やその他の
　労働者等及び役員に対する報告についても内部公益通報に当たり得る。
12　経営上のリスクに係る情報が、可能な限り早期にかつ幅広く寄せられるようにするため、内部公益通

● 内部公益通報受付窓口を設置する場合には、例えば、以下のような措置等を講じ、経営上のリスクにかかる情報を把握する機会の拡充に努めることが望ましい。

　➢ 子会社や関連会社における法令違反行為の早期是正・未然防止を図るため、企業グループ本社等において子会社や関連会社の労働者等及び役員並びに退職者からの通報を受け付ける企業グループ共通の窓口を設置すること[13]

　➢ サプライチェーン等におけるコンプライアンス経営を推進するため、関係会社・取引先を含めた内部公益通報対応体制を整備することや、関係会社・取引先における内部公益通報対応体制の整備・運用状況を定期的に確認・評価した上で、必要に応じ助言・支援をすること

　➢ 中小企業の場合には、何社かが共同して事業者の外部（例えば、法律事務所や民間の専門機関等）に内部公益通報受付窓口を委託すること

　➢ 事業者団体や同業者組合等の関係事業者共通の内部公益通報受付窓口を設けること

● 人事部門に内部公益通報受付窓口を設置することが妨げられるものではないが、人事部門に内部公益通報をすることを躊躇（ちゅうちょ）する者が存在し、そのことが通報対象事実の早期把握を妨げるおそれがあることにも留意する。

(2) 組織の長その他幹部からの独立性の確保に関する措置

　① 指針本文

> 内部公益通報受付窓口において受け付ける内部公益通報に係る公益通報対応業務に関して、組織の長その他幹部に関係する事案については、これらの者からの独立性を確保する措置をとる。

　② 指針の趣旨

　組織の長その他幹部[14]が主導・関与する法令違反行為も発生しているところ、これらの者が影響力を行使することで公益通報対応業務が適切に行われない事態を防ぐ必要があること、これらの者に関する内部公益通報は心理的ハードルが特に高いことを踏まえれば、組織の長その他幹部から独立した内部公益通報対応体制を構築する必要がある[15]。

報受付窓口の運用に当たっては、敷居が低く、利用しやすい環境を整備することが望ましい。また、実効性の高い内部公益通報対応体制を整備・運用するとともに、職場の管理者等（公益通報者又は公益通報を端緒とする調査に協力した者の直接又は間接の上司等）に相談や通報が行われた場合に適正に対応されるような透明性の高い職場環境を形成することが望ましい。

13　子会社や関連会社において、企業グループ共通の窓口を自社の内部公益通報受付窓口とするためには、その旨を子会社や関連会社自身の内部規程等において「あらかじめ定め」ることが必要である（法第2条第1項柱書参照）。また、企業グループ共通の窓口を設けた場合であっても、当該窓口を経由した公益通報対応業務に関する子会社や関連会社の責任者は、子会社や関連会社自身において明確に定めなければならない。

14　「幹部」とは、役員等の事業者の重要な業務執行の決定を行い又はその決定につき執行する者を指す。

15　上記指針本文が求める措置は、内部公益通報受付窓口を事業者の外部に設置すること等により内部公益通報の受付に関する独立性を確保するのみならず、調査及び是正に関しても独立性を確保する措置をとることが求められる。

8

③　指針を遵守するための考え方や具体例[16]

● 組織の長その他幹部からの独立性を確保する方法として、例えば、社外取締役や監査機関（監査役、監査等委員会、監査委員会等）にも報告を行うようにする、社外取締役や監査機関からモニタリングを受けながら公益通報対応業務を行う等が考えられる。

● 組織の長その他幹部からの独立性を確保する方法の一環として、内部公益通報受付窓口を事業者外部（外部委託先、親会社等）に設置することも考えられる[17]。単一の内部公益通報受付窓口を設ける場合には当該窓口を通じた公益通報に関する公益通報対応業務について独立性を確保する方法のほか、複数の窓口を設ける場合にはそれらのうち少なくとも一つに関する公益通報対応業務に独立性を確保する方法等、事業者の規模に応じた方法も考えられる。

④　その他に推奨される考え方や具体例

● 組織の長その他幹部からの独立性を確保するために、例えば、以下のような措置等をとることが考えられる。

➤ 企業グループ本社等において子会社や関連会社の労働者等及び役員からの通報を受け付ける企業グループ共通の窓口を設置すること[18]

➤ 関係会社・取引先を含めた内部公益通報対応体制を整備することや、関係会社・取引先における内部公益通報対応体制の整備・運用状況を定期的に確認・評価した上で、必要に応じ助言・支援をすること

➤ 中小企業の場合には、何社かが共同して事業者の外部（例えば、法律事務所や民間の専門機関等）に内部公益通報窓口を委託すること

➤ 事業者団体や同業者組合等の関係事業者共通の内部公益通報受付窓口を設けること

(3)　公益通報対応業務の実施に関する措置

①　指針本文

> 内部公益通報受付窓口において内部公益通報を受け付け、正当な理由がある場合を除いて、必要な調査を実施する。そして、当該調査の結果、通報対象事実に係る法令違反行為が明らかになった場合には、速やかに是正に必要な措置をとる。また、是正に必要な措置をとった後、当該措置が適切に機能しているかを確認し、

16　法第11条第2項について努力義務を負うにとどまる中小事業者においても、組織の長その他幹部からの影響力が不当に行使されることを防ぐためには、独立性を確保する仕組みを設ける必要性が高いことに留意する必要がある。

17　事業者外部への内部公益通報受付窓口の設置においては、本解説第3．Ⅱ．1．(4)④の2点目及び3点目についても留意する。

18　子会社や関連会社において、企業グループ共通の窓口を自社の内部公益通報受付窓口とするためには、その旨を子会社や関連会社自身の内部規程等において「あらかじめ定め」ることが必要である（法第2条第1項柱書参照）。また、企業グループ共通の窓口を設けた場合であっても、当該窓口を経由した公益通報対応業務に関する子会社や関連会社の責任者は、子会社や関連会社自身において明確に定めなければならない（脚注13再掲）。

9

資　料

┌───┐
適切に機能していない場合には、改めて是正に必要な措置をとる。
└───┘

② 指針の趣旨

　　法の目的は公益通報を通じた法令の遵守にあるところ（法第1条）、法令の遵守のためには、内部公益通報に対して適切に受付、調査が行われ、当該調査の結果、通報対象事実に係る法令違反行為が明らかになった場合には、是正に必要な措置がとられる必要がある。また、法令違反行為の是正後に再度類似の行為が行われるおそれもあることから、是正措置が機能しているか否かを確認する必要もある。少なくとも、公益通報対応業務を組織的に行うことが予定されている内部公益通報受付窓口に寄せられた内部公益通報については、このような措置が確実にとられる必要がある。

③ 指針を遵守するための考え方や具体例

● 内部公益通報対応の実効性を確保するため、匿名の内部公益通報も受け付けることが必要である[19]。匿名の公益通報者との連絡をとる方法として、例えば、受け付けた際に個人が特定できないメールアドレスを利用して連絡するよう伝える、匿名での連絡を可能とする仕組み（外部窓口[20]から事業者に公益通報者の氏名等を伝えない仕組み、チャット等の専用のシステム[21]等）を導入する等の方法が考えられる。

● 公益通報者の意向に反して調査を行うことも原則として可能である。公益通報者の意向に反して調査を行う場合においても、調査の前後において、公益通報者とコミュニケーションを十分にとるよう努め、プライバシー等の公益通報者の利益が害されないよう配慮することが求められる。

● 調査を実施しない「正当な理由」がある場合の例として、例えば、解決済みの案件に関する情報が寄せられた場合、公益通報者と連絡がとれず事実確認が困難である場合等が考えられる。解決済みの案件か否かについては、解決に関する公益通報者の認識と事業者の認識が一致しないことがあるが、解決しているか否かの判断は可能な限り客観的に行われることが求められる。また、一見、法令違反行為が是正されたように見えても、案件自体が再発する場合や、当該再発事案に関する新たな情報が寄せられる場合もあること等から、解決済みといえるか、寄せられた情報が以前の案件と同一のものといえるかについては慎重に検討する必要がある。

● 是正に必要な措置が適切に機能しているかを確認する方法として、例えば、是正措置から一定期間経過後に能動的に改善状況に関する調査を行う、特定の個人が被害を受けている事案においては問題があれば再度申し出るよう公益通報者に伝える等が考えられる。

────────────────

19 匿名の通報であっても、法第3条第1号及び第6条第1号に定める要件を満たす通報は、内部公益通報に含まれる。
20 「外部窓口」とは、内部公益通報受付窓口を事業者外部（外部委託先、親会社等）に設置した場合における当該窓口をいう。
21 匿名で公益通報者と事業者との間の連絡を仲介するサービスを提供する事業者も存在する。

10

- 調査の結果、法令違反等が明らかになった場合には、例えば、必要に応じ関係者の社内処分を行う等、適切に対応し、必要があれば、関係行政機関への報告等を行う。

④　その他に推奨される考え方や具体例

- コンプライアンス経営を推進するとともに、経営上のリスクに係る情報の早期把握の機会を拡充するため、内部公益通報受付窓口の利用者及び通報対象となる事項の範囲については、例えば、以下のように幅広く設定し、内部公益通報に該当しない通報についても公益通報に関する本解説の定めに準じて対応するよう努めることが望ましい。

  ➢　通報窓口の利用者の範囲：法第２条第１項各号に定める者のほか、通報の日から１年より前に退職[22]した労働者等、子会社・取引先の従業員（退職した者を含む）及び役員

  ➢　通報対象となる事項の範囲：法令違反のほか、内部規程違反等

- 内部公益通報受付窓口を経由しない内部公益通報を受けた労働者等及び役員においても、例えば、事案の内容等に応じて、自ら事実確認を行い是正する、公益通報者の秘密に配慮しつつ調査を担当する部署等に情報共有する等の方法により、調査や是正に必要な措置を速やかに実施することが望ましい。

- 例えば、内部公益通報対応体制の運営を支える従事者の意欲・士気を発揚する人事考課を行う等、コンプライアンス経営の推進に対する従事者の貢献を、積極的に評価することが望ましい。

- 法令違反等に係る情報を可及的速やかに把握し、コンプライアンス経営の推進を図るため、法令違反等に関与した者が、自主的な通報や調査協力をする等、問題の早期発見・解決に協力した場合には、例えば、その状況に応じて、当該者に対する懲戒処分等を減免することができる仕組みを整備すること等も考えられる。

- 公益通報者等[23]の協力が、コンプライアンス経営の推進に寄与した場合には、公益通報者等に対して、例えば、組織の長等からの感謝を伝えること等により、組織への貢献を正当に評価することが望ましい。なお、その際においても、公益通報者等の匿名性の確保には十分に留意することが必要である。

(4)　公益通報対応業務における利益相反の排除に関する措置

①　指針本文

> 内部公益通報受付窓口において受け付ける内部公益通報に関し行われる公益通報対応業務について、事案に関係する者を公益通報対応業務に関与させない措置をとる。

22　なお、事業者への通報が内部公益通報となり得る退職者は、当該通報の日前１年以内に退職した労働者等である（法第２条１項）。

23　「公益通報者等」とは、公益通報者及び公益通報を端緒とする調査に協力した者（以下「調査協力者」という。）をいう。

② 指針の趣旨

　　内部公益通報に係る事案に関係する者[24]が公益通報対応業務に関与する場合には、中立性・公正性を欠く対応がなされるおそれがあり（内部公益通報の受付や調査を行わない、調査や是正に必要な措置を自らに有利となる形で行う等）、法令の遵守を確保することができない。少なくとも、内部公益通報受付窓口に寄せられる内部公益通報については、実質的に公正な公益通報対応業務の実施を阻害しない場合を除いて、内部公益通報に係る事案に関係する者を公益通報対応業務から除外する必要がある。

③ 指針を遵守するための考え方や具体例

- 「関与させない措置」の方法として、例えば、「事案に関係する者」を調査や是正に必要な措置の担当から外すこと等が考えられる。受付当初の時点では「事案に関係する者」であるかが判明しない場合には、「事案に関係する者」であることが判明した段階において、公益通報対応業務への関与から除外することが必要である。ただし、「事案に関係する者」であっても、例えば、公正さが確保できる部署のモニタリングを受けながら対応をする等、実質的に公正な公益通報対応業務の実施を阻害しない措置がとられている場合には、その関与を妨げるものではない。

④ その他に推奨される考え方や具体例

- 想定すべき「事案に関係する者」の範囲については、内部規程において具体的に例示をしておくことが望ましい。
- いわゆる顧問弁護士を内部公益通報受付窓口とすることについては、顧問弁護士に内部公益通報をすることを躊躇（ちゅうちょ）する者が存在し、そのことが通報対象事実の早期把握を妨げるおそれがあることにも留意する。また、顧問弁護士を内部公益通報受付窓口とする場合には、例えば、その旨を労働者等及び役員並びに退職者向けに明示する等により、内部公益通報受付窓口の利用者が通報先を選択するに当たっての判断に資する情報を提供することが望ましい。
- 内部公益通報事案の事実関係の調査等通報対応に係る業務を外部委託する場合には、事案の内容を踏まえて、中立性・公正性に疑義が生じるおそれ又は利益相反が生じるおそれがある法律事務所や民間の専門機関等の起用は避けることが適当である。

24　「事案に関係する者」とは、公正な公益通報対応業務の実施を阻害する者をいう。典型的には、法令違反行為の発覚や調査の結果により実質的に不利益を受ける者、公益通報者や被通報者（法令違反行為を行った、行っている又は行おうとしているとして公益通報された者）と一定の親族関係がある者等が考えられる。

2　公益通報者を保護する体制の整備[25]
(1)　不利益な取扱いの防止に関する措置
　①　指針本文

> イ　事業者の労働者及び役員等が不利益な取扱いを行うことを防ぐための措置を
> とるとともに、公益通報者が不利益な取扱いを受けていないかを把握する措置
> をとり、不利益な取扱いを把握した場合には、適切な救済・回復の措置をとる。
> ロ　不利益な取扱いが行われた場合に、当該行為を行った労働者及び役員等に対
> して、行為態様、被害の程度、その他情状等の諸般の事情を考慮して、懲戒処
> 分その他適切な措置をとる。

　②　指針の趣旨

　　労働者等及び役員並びに退職者が通報対象事実を知ったとしても、公益通報を
行うことにより、不利益な取扱いを受ける懸念があれば、公益通報を躊躇（ちゅう
ちょ）することが想定される。このような事態を防ぐためには、労働者及び役員等
による不利益な取扱いを禁止するだけではなく、あらかじめ防止するための措置
が必要であるほか、実際に不利益な取扱いが発生した場合には、救済・回復の措置
をとり、不利益な取扱いを行った者に対する厳正な対処をとることを明確にする
ことにより、公益通報を行うことで不利益な取扱いを受けることがないという認
識を十分に労働者等及び役員並びに退職者に持たせることが必要である。

　③　指針を遵守するための考え方や具体例

- 「不利益な取扱い」の内容としては、法第3条から第7条までに定めるものを
含め、例えば、以下のようなもの等が考えられる。
  - 労働者等たる地位の得喪に関すること（解雇、退職願の提出の強要、労働契
約の終了・更新拒否、本採用・再採用の拒否、休職等）
  - 人事上の取扱いに関すること（降格、不利益な配転・出向・転籍・長期出張
等の命令、昇進・昇格における不利益な取扱い、懲戒処分等）
  - 経済待遇上の取扱いに関すること（減給その他給与・一時金・退職金等にお
ける不利益な取扱い、損害賠償請求等）
  - 精神上・生活上の取扱いに関すること（事実上の嫌がらせ等）
- 不利益な取扱いを防ぐための措置として、例えば、以下のようなもの等が考え
られる。
  - 労働者等及び役員に対する教育・周知
  - 内部公益通報受付窓口において不利益な取扱いに関する相談を受け付ける
こと[26]
  - 被通報者が、公益通報者の存在を知り得る場合には、被通報者が公益通報者
に対して解雇その他不利益な取扱いを行うことがないよう、被通報者に対し

25　（公益通報者だけでなく、）調査協力者に対しても、調査に協力をしたことを理由として解雇その他の
不利益な取扱いを防ぐ措置をとる等、本項の定めに準じた措置を講ずることが望ましい。
26　本解説本文第3．Ⅱ．3．(1)③＜仕組みや不利益な取扱いに関する質問・相談について＞参照

て、その旨の注意喚起をする等の措置を講じ、公益通報者の保護の徹底を図ること

- 不利益な取扱いを受けていないかを把握する措置として、例えば、公益通報者に対して能動的に確認する、不利益な取扱いを受けた際には内部公益通報受付窓口等の担当部署に連絡するようその旨と当該部署名を公益通報者にあらかじめ伝えておく等が考えられる。

- 法第2条に定める「処分等の権限を有する行政機関」や「その者に対し当該通報対象事実を通報することがその発生又はこれによる被害の拡大を防止するために必要であると認められる者」に対して公益通報をする者についても、同様に不利益な取扱いが防止される必要があるほか、範囲外共有や通報者の探索も防止される必要がある。

④　その他に推奨される考え方や具体例

- 関係会社・取引先からの通報を受け付けている場合[27]において、公益通報者が当該関係会社・取引先の労働者等又は役員である場合には、通報に係る秘密保持に十分配慮しつつ、可能な範囲で、当該関係会社・取引先に対して、例えば、以下のような措置等を講ずることが望ましい。

  ➢　公益通報者へのフォローアップや保護を要請する等、当該関係会社・取引先において公益通報者が解雇その他不利益な取扱いを受けないよう、必要な措置を講ずること

  ➢　当該関係会社・取引先において、是正措置等が十分に機能しているかを確認すること

- 公益通報者を特定させる事項を不当な目的に利用した者についても、懲戒処分その他適切な措置を講ずることが望ましい。

(2)　範囲外共有等の防止に関する措置

①　指針本文

イ　事業者の労働者及び役員等が範囲外共有を行うことを防ぐための措置をとり、範囲外共有が行われた場合には、適切な救済・回復の措置をとる。

ロ　事業者の労働者及び役員等が、公益通報者を特定した上でなければ必要性の高い調査が実施できないなどのやむを得ない場合を除いて、通報者の探索を行うことを防ぐための措置をとる。

ハ　範囲外共有や通報者の探索が行われた場合に、当該行為を行った労働者及び役員等に対して、行為態様、被害の程度、その他情状等の諸般の事情を考慮して、懲戒処分その他適切な措置をとる。

---

②　指針の趣旨

労働者等及び役員並びに退職者が通報対象事実を知ったとしても、自らが公益

27　本解説本文第3．Ⅱ．1．（1）④参照

通報したことが他者に知られる懸念があれば、公益通報を行うことを躊躇（ちゅうちょ）することが想定される。このような事態を防ぐためには、範囲外共有や通報者の探索をあらかじめ防止するための措置が必要である[28]。特に、実際に範囲外共有や通報者の探索が行われた場合には、実効的な救済・回復の措置を講ずることが困難な場合も想定されることから、範囲外共有や通報者の探索を防ぐ措置を徹底することが重要である。また、そのような場合には行為者に対する厳正な対処を行うことにより、範囲外共有や通報者の探索が行われないという認識を十分に労働者等及び役員並びに退職者に持たせることが必要である。

③ 指針を遵守するための考え方や具体例
- 範囲外共有を防ぐための措置として、例えば、以下のようなもの等が考えられる[29]。
  - 通報事案に係る記録・資料を閲覧・共有することが可能な者を必要最小限に限定し、その範囲を明確に確認する
  - 通報事案に係る記録・資料は施錠管理する
  - 内部公益通報受付窓口を経由した内部公益通報の受付方法としては、電話、FAX、電子メール、ウェブサイト等、様々な手段が考えられるが、内部公益通報を受け付ける際には、専用の電話番号や専用メールアドレスを設ける、勤務時間外に個室や事業所外で面談する
  - 公益通報に関する記録の保管方法やアクセス権限等を規程において明確にする
  - 公益通報者を特定させる事項の秘匿性に関する社内教育を実施する
- 公益通報に係る情報を電磁的に管理している場合には、公益通報者を特定させる事項を保持するため、例えば、以下のような情報セキュリティ上の対策等を講ずる。
  - 当該情報を閲覧することが可能な者を必要最小限に限定する
  - 操作・閲覧履歴を記録する
- 通報者の探索を行うことを防ぐための措置として、例えば、通報者の探索は行ってはならない行為であって懲戒処分その他の措置の対象となることを定め、その旨を教育・周知すること等が考えられる。
- 懲戒処分その他適切な措置を行う際には、範囲外共有が行われた事実の有無については慎重に確認し、範囲外共有を実際に行っていない者に対して誤って懲戒処分その他の措置を行うことのないよう留意する必要がある。
- 内部公益通報受付窓口の担当者以外の者（いわゆる上司等）も内部公益通報を受けることがある。これら内部公益通報受付窓口の担当者以外の者については、従事者として指定されていないことも想定されるが、その場合であっても、事業者において整備・対応が求められる範囲外共有等を防止する体制の対象とはな

---

28 範囲外共有及び通報者の探索を防止すべき「労働者及び役員等」には内部公益通報受付窓口に関する外部委託先も含む。また、外部委託先も従事者として定められる場合があり得る。
29 当該措置の対象には、外部窓口も含む。

るものであり、当該体制も含めて全体として範囲外共有を防止していくことが
必要である。

④　その他に推奨される考え方や具体例
　　＜受付時の取組等について＞
- 　外部窓口を設ける場合、例えば、公益通報者を特定させる事項は、公益通報者を特定した上でなければ必要性の高い調査が実施できない等のやむを得ない場合を除いて[30]、公益通報者の書面や電子メール等による明示的な同意がない限り、事業者に対しても開示してはならないこととする等の措置を講ずることも考えられる。
- 　公益通報の受付時には、例えば、範囲外共有を防ぐために、通報事案に係る記録・資料に記載されている関係者（公益通報者を含む。）の固有名詞を仮称表記にすること等も考えられる。
- 　公益通報者本人からの情報流出によって公益通報者が特定されることを防止するため、自身が公益通報者であること等に係る情報管理の重要性を、公益通報者本人にも十分に理解させることが望ましい。

　　＜調査時の取組等について＞
- 　公益通報者を特定した上でなければ必要性の高い調査が実施できない等のやむを得ない場合[31]、公益通報者を特定させる事項を伝達する範囲を必要最小限に限定する（真に必要不可欠ではない限り、調査担当者にも情報共有を行わないようにする）ことは当然のこととして、例えば、以下のような措置等を講じ、公益通報者が特定されないよう、調査の方法に十分に配慮することが望ましい。
  - ➤　公益通報者を特定させる事項を伝達する相手にはあらかじめ秘密保持を誓約させる
  - ➤　公益通報者を特定させる事項の漏えいは懲戒処分等の対象となる旨の注意喚起をする
- 　調査等に当たって通報内容を他の者に伝える際に、調査等の契機が公益通報であることを伝えなければ、基本的には、情報伝達される相手方において、公益通報がなされたことを確定的に認識することができず、公益通報者が誰であるかについても確定的に認識することを避けることができる。その場合、結果として、公益通報者を特定させる事項が伝達されるとの事態を避けられることから、必要に応じて従事者以外の者に調査等の依頼を行う際には、当該調査等が公益通報を契機としていることを伝えないことが考えられる。調査の端緒が内部公益通報であることを関係者に認識させない工夫としては、例えば、以下のような措置等が考えられる。
  - ➤　抜き打ちの監査を装う
  - ➤　該当部署以外の部署にもダミーの調査を行う

30　指針本文第４．２．（２）ロ
31　指針本文第４．２．（２）ロ

16

> ➢ （タイミングが合う場合には、）定期監査と合わせて調査を行う
> ➢ 核心部分ではなく周辺部分から調査を開始する
> ➢ 組織内のコンプライアンスの状況に関する匿名のアンケートを、全ての労働者等及び役員を対象に定期的に行う

＜その他＞

● 特に、ハラスメント事案等で被害者と公益通報者が同一の事案においては、公益通報者を特定させる事項を共有する際に、被害者の心情にも配慮しつつ、例えば、書面[32]による等、同意の有無について誤解のないよう、当該公益通報者から同意を得ることが望ましい。

32　電子的方式、磁気的方式その他人の知覚によっては認識することができない方式で作られる記録を含む。

17

3　内部公益通報対応体制を実効的に機能させるための措置
(1)　労働者等及び役員並びに退職者に対する教育・周知に関する措置
①　指針本文

イ　法及び内部公益通報対応体制について、労働者等及び役員並びに退職者に対
して教育・周知を行う。また、従事者に対しては、公益通報者を特定させる事
項の取扱いについて、特に十分に教育を行う。
ロ　労働者等及び役員並びに退職者から寄せられる、内部公益通報対応体制の仕
組みや不利益な取扱いに関する質問・相談に対応する。

---

②　指針の趣旨
内部公益通報が適切になされるためには、労働者等及び役員並びに退職者にお
いて、法及び事業者の内部公益通報対応体制について十分に認識している必要が
ある。
また、公益通報対応業務を担う従事者は、公益通報者を特定させる事項について
刑事罰で担保された守秘義務を負うことを踏まえ、法及び内部公益通報対応体制
について、特に十分に認識している必要がある。
そして、労働者等及び役員並びに退職者の認識を高めるためには、事業者の側に
おいて能動的に周知するだけではなく、労働者等及び役員並びに退職者が質問や
相談を行った際に、適時に情報提供ができる仕組みも必要である。

③　指針を遵守するための考え方や具体例[33]
＜労働者等及び役員並びに退職者に対する教育・周知について＞
● 公益通報受付窓口及び受付の方法を明確に定め、それらを労働者等及び役員
に対し、十分かつ継続的に教育・周知することが必要である[34]。
● 教育・周知に当たっては、単に規程の内容を労働者等及び役員に形式的に知ら
せるだけではなく、組織の長が主体的かつ継続的に制度の利用を呼び掛ける等
の手段を通じて、公益通報の意義や組織にとっての内部公益通報の重要性等を
労働者等及び役員に十分に認識させることが求められる。例えば、以下のような
事項について呼び掛けること等が考えられる。
　➤　コンプライアンス経営の推進における内部公益通報制度の意義・重要性
　➤　内部公益通報制度を活用した適切な通報は、リスクの早期発見や企業価値
の向上に資する正当な職務行為であること
　➤　内部規程や法の要件を満たす適切な通報を行った者に対する不利益な取扱
いは決して許されないこと
　➤　通報に関する秘密保持を徹底するべきこと
　➤　利益追求と企業倫理が衝突した場合には企業倫理を優先するべきこと

---

[33]　実効性の高い内部公益通報制度を整備・運用することは、組織内に適切な緊張感をもたらし、通常の
報告・連絡・相談のルートを通じた自浄作用を機能させ、組織運営の健全化に資することを、労働者等
及び役員に十分に周知することが重要である。
[34]　法に定める退職後1年以内の退職者についても教育・周知が必要である。

18

> 上記の事項は企業の発展・存亡をも左右し得ること
- 内部公益通報対応体制の仕組みについて教育・周知を行う際には、単に内部公益通報受付窓口の設置先を形式的に知らせるだけではなく、例えば、以下のような内部公益通報対応体制の仕組み全体の内容を伝えること等が求められる。
  > 内部公益通報受付窓口の担当者は従事者であること[35]
  > 職制上のレポーティングライン（いわゆる上司等）においても部下等から内部公益通報を受ける可能性があること
  > 内部公益通報受付窓口に内部公益通報した場合と従事者ではない職制上のレポーティングライン（いわゆる上司等）において内部公益通報をした場合とでは公益通報者を特定させる事項の秘匿についてのルールに差異があること[36]等
- 法について教育・周知を行う際には、権限を有する行政機関等への公益通報も法において保護されているという点も含めて、法全体の内容を伝えることが求められる。
- 教育・周知を行う際には、例えば、以下のような実効的な方法等を各事業者の創意工夫により検討し、実行することが求められる。
  > その内容を労働者等及び役員の立場・経験年数等に応じて用意する（階層別研修等）
  > 周知のツールに多様な媒体を用いる（イントラネット、社内研修、携行カード・広報物の配布、ポスターの掲示等）
  > 内部公益通報対応体制の内容、具体例を用いた通報対象の説明、公益通報者保護の仕組み、その他内部公益通報受付窓口への相談が想定される質問事項等をFAQにまとめ、イントラネットへの掲載やガイドブックの作成を行う
- 組織の長その他幹部に対しても、例えば、内部公益通報対応体制の内部統制システムにおける位置付け、リスク情報の早期把握がリスク管理に資する点等について教育・周知することが求められる。
- 退職者に対する教育・周知の方法として、例えば、在職中に、退職後も公益通報ができることを教育・周知すること等が考えられる。

＜従事者に対する教育について＞
- 従事者に対する教育については、例えば、定期的な実施や実施状況の管理を行う等して、通常の労働者等及び役員と比較して、特に実効的に行うことが求められる。法第12条の守秘義務の内容のほか、例えば、通報の受付、調査、是正に必要な措置等の各局面における実践的なスキルについても教育すること等が考

---

[35] 内部公益通報をする先が従事者であることが分かれば、公益通報者を特定させる事項がより慎重に取り扱われるといった安心感により内部公益通報を行いやすくする効果が期待できる。
[36] 具体的には、内部公益通報受付窓口に内部公益通報した場合においては、刑事罰付の守秘義務を負う従事者が対応することとなること、職制上のレポーティングライン（いわゆる上司等）への報告や従事者以外の労働者等及び役員に対する報告も内部公益通報となり得るが従事者以外は必ずしも刑事罰で担保された守秘義務を負うものでないこと、従事者以外の者については社内規程において範囲外共有の禁止を徹底させていること等が考えられる。

19

えられる。
- 従事者に対する教育については、公益通報対応業務に従事する頻度等の実態に応じて内容が異なり得る。

＜仕組みや不利益な取扱いに関する質問・相談について＞
- 内部公益通報対応体制の仕組みの質問・相談（不利益な取扱いに関する質問・相談を含む。）については、内部公益通報受付窓口以外において対応することや、内部公益通報受付窓口において一元的に対応することのいずれも可能である。

④　その他に推奨される考え方や具体例
- 内部公益通報対応体制の利用者を労働者等及び役員以外に対しても広く認めている場合には（例：企業グループ共通のホットラインを設ける。）、その体制の利用者全て（例：子会社の労働者等及び役員）に対して教育・周知を行うことが望ましい。

(2)　是正措置等の通知に関する措置
①　指針本文

> 　書面により内部公益通報を受けた場合において、当該内部公益通報に係る通報対象事実の中止その他是正に必要な措置をとったときはその旨を、当該内部公益通報に係る通報対象事実がないときはその旨を、適正な業務の遂行及び利害関係人の秘密、信用、名誉、プライバシー等の保護に支障がない範囲において、当該内部公益通報を行った者に対し、速やかに通知する。

②　指針の趣旨

　内部公益通報をした者は、事業者からの情報提供がなければ、内部公益通報について是正に必要な措置がとられたか否かについて知り得ない場合が多いと考えられ、行政機関等に公益通報すべきか、調査の進捗を待つべきかを判断することが困難である。そのため、利害関係人のプライバシーを侵害するおそれがある等[37]、内部公益通報をした者に対してつまびらかに情報を明らかにすることに支障がある場合を除いて、内部公益通報への対応結果を内部公益通報をした者に伝える必要がある。

③　指針を遵守するための考え方や具体例[38]
- 通知の態様は一律のものが想定されているものではなく、通知の方法として、例えば、公益通報者個人に通知をする、全社的な再発防止策をとる必要がある場合に労働者等及び役員全員に対応状況の概要を定期的に伝える等、状況に応じ

---

[37]　調査過程において誰が何を証言したか、人事処分の詳細な内容等はプライバシーに関わる場合もあるため、公益通報者に内部公益通報への対応結果を伝えるべきではない場合も想定される。
[38]　是正措置等の通知を行わないことがやむを得ない場合としては、例えば、公益通報者が通知を望まない場合、匿名による通報であるため公益通報者への通知が困難である場合等が考えられる。

20

た様々な方法が考えられる。

● 事業者は、内部公益通報受付窓口の担当者以外の者（いわゆる上司等）が内部公益通報を受ける場合においても、例えば、公益通報者の意向も踏まえつつ当該内部公益通報受付窓口の担当者以外の者が内部公益通報受付窓口に連絡するように教育・周知する等、適正な業務の遂行等に支障がない範囲において何らかの通知[39]がなされるようにすることが求められる。

④ その他に推奨される考え方や具体例

● 通知するまでの具体的な期間を示す（受付から 20 日以内に調査開始の有無を伝える[40]等）、是正措置等の通知のほかに、例えば、内部公益通報の受付[41]や調査の開始についても通知する[42]等、適正な業務の遂行等に支障が生じない範囲内において、公益通報者に対してより充実した情報提供[43]を行うことが望ましい。

(3) 記録の保管、見直し・改善、運用実績の労働者等及び役員への開示に関する措置

① 指針本文

> イ　内部公益通報への対応に関する記録を作成し、適切な期間保管する。
>
> ロ　内部公益通報対応体制の定期的な評価・点検を実施し、必要に応じて内部公益通報対応体制の改善を行う。
>
> ハ　内部公益通報受付窓口に寄せられた内部公益通報に関する運用実績の概要を、適正な業務の遂行及び利害関係人の秘密、信用、名誉、プライバシー等の保護に支障がない範囲において労働者等及び役員に開示する。

② 指針の趣旨

内部公益通報対応体制の在り方は、事業者の規模、組織形態、業態、法令違反行為が発生するリスクの程度、ステークホルダーの多寡、労働者等及び役員並びに退職者の内部公益通報対応体制の活用状況、その時々における社会背景等によって異なり得るものであり、状況に応じて、継続的に改善することが求められる。その

39　例えば、内部公益通報を受けた者が公益通報者の上司等である場合において、公益通報者から単なる報告ではなく公益通報であるとしてその受領の通知を求められている場合には、公益通報者のプライバシー等に配慮しつつ内部公益通報受付窓口にその通報内容を伝え、公益通報者本人にこれを行った旨を通知することも考えられる。

40　書面により内部公益通報をした日から 20 日を経過しても、事業者から通報対象事実について調査を行う旨の通知がない場合等には、報道機関等への公益通報を行った者は、解雇その他不利益な取扱いからの保護の対象となる（法第 3 条第 3 号ホ）。

41　内部公益通報受付窓口を経由する内部公益通報について、書面や電子メール等、公益通報者が通報の到達を確認できない方法によって通報がなされた場合には、速やかに公益通報者に対し、通報を受領した旨を通知することが望ましい。

42　公益通報者が通知を望まない場合、匿名による通報であるため公益通報者への通知が困難である場合その他やむを得ない理由がある場合はこの限りではない。

43　内部公益通報受付窓口にて通報を受け付けた場合、調査が必要であるか否かについて、公正、公平かつ誠実に検討し、今後の対応についても、公益通報者に通知するよう努めることが望ましい。また、調査中は、調査の進捗状況について、被通報者や調査協力者等の信用、名誉及びプライバシー等に配慮しつつ、適宜、公益通報者に通知するとともに、調査結果について可及的速やかに取りまとめ、公益通報者に対して、その調査結果を通知するよう努めることが望ましい。

21

ためには、記録を適切に作成・保管し、当該記録に基づき、評価・点検を定期的に実施し、その結果を踏まえ、組織の長や幹部の責任の下で、対応の在り方の適切さについて再検討する等の措置が必要である。

　また、内部公益通報が適切になされるためには、内部公益通報を行うことによって法令違反行為が是正されることに対する労働者等及び役員の期待感を高めることが必要であり、そのためには、個人情報の保護等に十分配慮しつつ、事業者の内部公益通報対応体制が適切に機能していることを示す実績を労働者等及び役員に開示することが必要である。

③　指針を遵守するための考え方や具体例[44]
- 　記録の保管期間については、個々の事業者が、評価点検や個別案件処理の必要性等を検討した上で適切な期間を定めることが求められる。記録には公益通報者を特定させる事項等の機微な情報が記載されていることを踏まえ、例えば、文書記録の閲覧やデータへのアクセスに制限を付す等、慎重に保管する必要がある。
- 　定期的な評価・点検[45]の方法として、例えば、以下のようなもの等が考えられる。
  - ➢ 　労働者等及び役員に対する内部公益通報対応体制の周知度等についてのアンケート調査（匿名アンケートも考えられる。）
  - ➢ 　担当の従事者間における公益通報対応業務の改善点についての意見交換
  - ➢ 　内部監査及び中立・公正な外部の専門家等による公益通報対応業務の改善点等（整備・運用の状況・実績、周知・研修の効果、労働者等及び役員の制度への信頼度、本指針に準拠していない事項がある場合にはその理由、今後の課題等）の確認
- 　運用実績とは、例えば、以下のようなもの等が考えられる。
  - ➢ 　過去一定期間における通報件数
  - ➢ 　是正の有無
  - ➢ 　対応の概要
  - ➢ 　内部公益通報を行いやすくするための活動状況
  - なお、開示の内容・方法を検討する際には、公益通報者を特定させる事態が生じないよう十分に留意する必要がある。
- 　運用実績の労働者等及び役員への開示に当たっては、公益通報とそれ以外の通報とを厳密に区別する必要はない。

④　その他に推奨される考え方や具体例
- 　各事業者における内部公益通報対応体制の実効性の程度は、自浄作用の発揮

44　内部公益通報対応体制の整備・運用に当たっては、労働者等及び役員の意見・要望を反映したり、他の事業者の優良事例を参照したりする等、労働者等及び役員並びに退職者が安心して通報・相談ができる実効性の高い仕組みを構築することが望ましい。
45　評価・点検の対象には、外部窓口も含む。

を通じた企業価値の維持・向上にも関わるものであり、消費者、取引先、労働者等・役員、株主・投資家、債権者、地域社会等のステークホルダーにとっても重要な情報であるため、運用実績の概要や内部公益通報対応体制の評価・点検の結果を、ＣＳＲ報告書やウェブサイト等を活用して開示する等、実効性の高いガバナンス体制を構築していることを積極的に対外的にアピールしていくことが望ましい。

(4) 内部規程の策定及び運用に関する措置
　① 指針本文

> この指針において求められる事項について、内部規程において定め、また、当該規程の定めに従って運用する。

　② 指針の趣旨
　　事業者において、指針に沿った内部公益通報対応体制の整備等を確実に行うに当たっては、指針の内容を当該事業者において守るべきルールとして明確にし、担当者が交代することによって対応が変わることや、対応がルールに沿ったものか否かが不明確となる事態等が生じないようにすることが重要であり、その観点からはルールを規程として明確に定めることが必要となる。調査の権限が定められていなければ、例えば、調査の対象者において調査に従うべきか疑義が生じ、実効的な調査が実施できない場合もある。また、規程に沿って運用がされなければ規程を定める意味がない。

　③ その他に推奨される考え方や具体例
　● 内部公益通報の受付から調査・是正措置の実施までを適切に行うため、幹部を責任者とし、幹部の役割を内部規程等において明文化することが望ましい。
　● 労働者等及び役員は、例えば、担当部署による調査に誠実に協力しなければならないこと、調査を妨害する行為はしてはならないこと等を、内部規程に明記することが望ましい。

23

た 行

事項索引

●著者紹介

中野　真（なかの・まこと）

略歴

2005年3月　早稲田大学政治経済学部卒業
2008年11月　旧司法試験合格
2010年8月　弁護士登録（東京弁護士会）
2015年4月　環境省内部通報外部窓口
2015年10月　消費者庁政策調査員
2016年4月　内閣府事務官（消費者庁消費者制度課政策企画専門官）
現　　在　弁護士、渥美坂井法律事務所・外国法共同事業（パートナー）、東京弁護士会公益通報者保護特別委員会（委員）、東京弁護士会労働法制特別委員会（幹事）

主要著書・論文

『解説　改正公益通報者保護法』（弘文堂、共著、2021年）
「公益通報者保護法改正の概要」ジュリスト1552号（2020年）
「公益通報者保護法の一部を改正する法律の概要」NBL1177号（2020年）
『新労働事件実務マニュアル』（ぎょうせい、共著、第3版・2014年、第4版・2017年）
『ここがポイント　事業者の内部通報トラブル』（法律情報出版、共著、2016年）
『労働事件における慰謝料』（経営書院、共著、2015年）

公益通報者保護法に基づく
事業者等の義務への実務対応

2022年3月12日　初版第1刷発行

著　　者　　中　野　　真

発 行 者　　石　川　雅　規

発 行 所　　㍿商事法務
　　　　　　　〒103-0025 東京都中央区日本橋茅場町3-9-10
　　　　　　　TEL 03-5614-5643・FAX 03-3664-8844〔営業〕
　　　　　　　TEL 03-5614-5649〔編集〕
　　　　　　　https://www.shojihomu.co.jp/